LA VERTU

3786

DE ROSINE

43076

IMPRIMERIE L. TOINON ET Cᵉ, A SAINT-GERMAIN.

LA VERTU
DE ROSINE

PAR

ARSÈNE HOUSSAYE

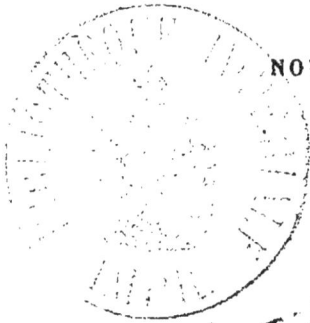

NOUVELLE ÉDITION

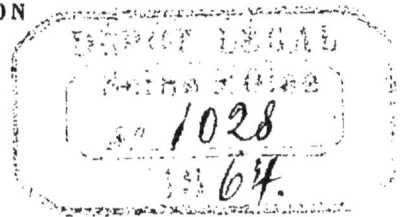

PARIS

MICHEL LÉVY FRÈRES, LIBRAIRES ÉDITEURS

RUE VIVIENNE, 2 BIS, ET BOULEVARD DES ITALIENS, 15

A LA LIBRAIRIE NOUVELLE

1864

4307

LA VERTU

DE ROSINE

I

LES LITANIES DE LA FAIM

Ami lecteur, vous qui êtes un vrai Parisien né dans le vrai Paris, — vous qui avez voyagé en Chine, vous qui avez couru les mers depuis Berg-op-Zoom jusqu'à Seringapatam, — vous ne vous êtes jamais aventuré de l'autre côté de l'eau, dans les défilés de la place Maubert.

C'est là que Rosine rencontra un matin son tentateur.

La rue des Lavandières est un des tristes chemins de ce pays perdu où l'ange des ténèbres étend ses ailes empoisonnées. Il y passe çà et là, parmi les peuplades pittoresques qui secouent leur vermine, un être reconnu de l'espèce humaine, comme un étudiant qui va au Jardin des Plantes, un provincial qui cherche sa famille parisienne, une jeune ouvrière qui s'élance, légère comme un chat, sur la pointe de sa pantoufle, de la boutique de l'épicier à l'éventaire de la marchande des quatre saisons. Les autres passants, vous les connaissez : un voleur oisif qui attend l'heure du travail; un enfant qui barbote dans le ruisseau; une femme qui a des yeux pour y voir, mais qui joue les aveugles sur le pont Royal; un chiffonnier ivre, Diogène moderne qui a allumé sa lanterne pour chercher un cabaret.

Il y a quelques années, dans une vieille maison de cette rue sans air et sans soleil, vivait une pauvre famille d'origine lorraine, qui avait quitté sa rive natale pour chercher fortune à Paris. Une fois embarqué sur cette mer trompeuse, le père avait crié : *Terre!* mais il ne devait atteindre qu'à la terre ferme du tombeau sans avoir jamais d'autre planche de salut que ses bras.

Il se nommait André Dumon et il était tailleur de pierres. Il se levait tous les jours avant le soleil, qu'il appelait son compagnon ; il attendait toujours que le soleil fût couché pour se croiser les bras. Or, à ce rude travail il, ne gagnait guère que cent sous par jour et ne rapportait le soir que trois francs au logis. Avec ces trois francs, il fallait que sa femme nourrît et élevât sa famille, sans oublier le loyer du toit qui les abritait. Tant qu'elle

eut du lait dans ses mamelles fécondes, elle ac-
complit héroïquement sa mission, semblable au
pélican, qui, dans ses jours de mauvaise chasse,
se déchire le sein pour nourrir sa nichée. Mais le
lait tarit sous les lèvres affamées. La famille
était parvenue à vivre de peu, sans se plaindre
même au ciel : il fallut se résigner à vivre de
moins.

Le tailleur de pierres vit bientôt la faim s'asseoir au seuil de sa porte.

Jusque-là, sa nichée d'enfants venait, toute
bruyante et toute joyeuse, l'attendre sur le soir
au haut de l'escalier ; c'était à qui lui sauterait
sur les bras, se pendrait à son cou, lui saisirait
la main ; il rentrait dans ce doux cortége ; il ou-
bliait les peines du travail ; il embrassait sa
femme avec la joie dans le cœur. On se mettait
à table, les enfants debout pour tenir moins de

place ; on mangeait un pain béni du ciel, accom-
pagné d'un plat de lentilles ou d'une tranche de
bœuf. Sur la table était un cruchon de cidre ou
de piquette que tous se passaient à la ronde.
Après souper, les jours de froid, on brûlait un
demi-cotret, — un vrai feu de joie qui durait
une demi-heure ; — après quoi, on s'endormait
content et sans fatigue. Les jours de beau temps,
toute la famille, moins l'enfant au berceau, descendait sur le quai de la Tournelle pour respirer
un peu et voir le ciel. Les enfants étaient vêtus
de rien, mais par la main d'une vraie mère. Tout
le monde admirait au passage cette petite cara-
vane allègre et souriante qui portait bravement
sa misère.

Mais il vint un temps où la mère perdit ses
forces et son lait. Cette fraîche et féconde créature, éclose en pleine séve dans la vallée de la

Meurthe, ne put résister à tant de sacrifices cachés. Jusque-là, elle avait seule souffert sans le dire jamais, se consolant dans le sourire de ses enfants. Ce fut alors qu'elle redevint mère pour la huitième fois. Elle ne se plaignit pas ; mais le tailleur de pierres vit bientôt qu'il succomberait à la peine. Ce qui lui ouvrit surtout les yeux sur sa misère prochaine, ce fut l'absence de ses enfants au haut de l'escalier quand il revenait du travail.

A la seconde absence, il pâlit, il ouvrit la porte et entra sans mot dire. Ses enfants vinrent à lui, mais silencieusement, comme s'ils n'avaient rien de bon à lui apprendre. La mère se détourna pour essuyer une larme.

— Eh bien, qu'y a-t-il donc ? demanda André Dumon.

— Rien, répondit sa femme en essayant un

sourire, si ce n'est que tu as oublié de m'embrasser.

Le tailleur de pierres se leva et alla droit à sa femme ; il l'embrassa, mais elle n'avait pas essuyé toutes ses larmes.

— Et moi ? dit Rosine.

Le père embrassa sa fille.

— Comme elle est belle, dit-il. Et comme cela console des mauvais jours ! Et moi qui croyais lui donner cent louis d'or le jour de son mariage.

— Mon mariage ? murmura Rosine. J'ai rêvé que je mourrais fille.

II

ROSINE

Rosine avait la pâle et charmante beauté des Parisiennes, ces yeux bleus voilés de longs cils noirs qui sont le ciel dans l'enfer; cette bouche moqueuse comme l'esprit, mais éloquente comme la passion; ce profil ondoyant, qui désespère le sculpteur, mais qui ravit l'amoureux.

La pauvre fille ne demandait qu'à verdoyer et à fleurir, comme toutes celles qui ont dix-sept ans; mais comment avoir la gaieté au cœur, quand on a sans cesse sous les yeux le spectacle

1.

d'une mère qui souffre et qui veille, d'un père
que le travail a courbé, de sept enfants qui jouent,
sans oublier qu'ils ont faim? D'ailleurs, Rosine
n'avait pas le temps de rire : du matin au soir,
elle était sur pied pour veiller ses trois sœurs et
ses quatre frères. C'était la maîtresse d'école de
la bande. Sa mère lui avait appris à lire ; elle
répétait la leçon aux autres.

Cependant la jeunesse a tant de ressources, que
Rosine garda sa beauté dans cette atmosphère
de mort. Un nuage passa.t, mais bientôt le pur
rayon des fraîches années déchirait le nuage. Il
lui arrivait çà et là d'heureux moments, soit
qu'elle s'appuyât à la fenêtre pour regarder la
ville immense où elle espérait une meilleure place,
soit qu'elle tourmentât ses beaux cheveux bru-
nissants devant un miroir cassé, qui seul lui parlait d'elle.

Le matin, pour commencer sa journée, elle chantait d'une voix claire et perlée quelques airs d'orgue que le vent apportait le soir jusqu'à la fenêtre, ou quelque vieille chanson lorraine dont sa mère l'avait bercée en de meilleurs jours. Le soir, elle s'endormait heureuse comme le voyageur après une mauvaise traversée.

Le logis du tailleur de pierres se composait d'une chambre et de deux cabinets; un de ces cabinets était pour Rosine et ses petites sœurs. Même aux plus grands jours de détresse, ce lieu avait un certain air de jeunesse qui charmait les voisines. Çà et là une robe, un bonnet, un fichu, cachaient la nudité des solives; les deux lits blancs avaient je ne sais quoi d'innocent et de simple qui réjouissait le cœur; la petite fenêtre s'ouvrant sur le toit avait un coin du ciel en perspective; enfin, quand Rosine était là, chantant à son ré-

veil, peignant ses beaux cheveux, sa seule parure
et sa seule richesse, ne voyait-on pas la jeunesse
en personne ?

Elle devina t Paris par instinct, car elle ne l'a-
vait vu que de loin. A peine s'il lui était arrivé, à
deux ou trois jours de fête, de suivre son père
dans le cœur de la grande ville. La nuit, elle avait
rêvé de toutes ces splendeurs féeriques. Le lendemain, en revoyant l'intérieur désolé de la rue
des Lavandières, elle s'était ressouvenue de toutes
les richesses parisiennes. Le serpent, celui-là qui
reconnaît toujours les filles d'Ève, avait déployé
sous ses yeux éblouis les robes de soie et de ve-
lours ; la dentelle de Flandre ; l'or, qui prend la
femme par le doigt et par le bras sous la forme
d'une bague et d'un bracelet ; les diamants, qui
ont les yeux du tentateur. « Pourquoi suis-je dans
un grenier ? demandait-elle. Qu'ai-je donc fait à

Dieu pour qu'il me condamne à cette froide prison et à ce dur esclavage, quand les sept péchés capitaux promènent insolemment leur luxe ? » Et le serpent lui répondait : « Laisse là ton père et ta mère, descends ce sombre escalier, traverse la ville de ton pied léger ; je te conduirai au banquet où l'on chante et où l'on rit ; l'arbre de la vie a des fruits dorés pour toi comme pour les autres. » Elle comprenait vaguement que son honneur et sa vertu seraient le prix de sa place au banquet : elle s'indignait et reprenait avec courage les rudes chaînes de la misère.

III

LA DERNIÈRE GOUTTE DE LAIT

Le souper fut grave et triste. Il n'y eut que les enfants qui mangèrent ; ce soir-là, on n'alla pas se promener sur le quai de la Tournelle. Le lendemain, André Dumon demanda une augmentation de salaire à son maître. Comme il n'avait pas soupé la veille, il parla avec un peu d'amertume. L'entrepreneur, qui venait de subir une faillite, répondit avec dureté : le tailleur de pierres prit ses outils et chercha un autre maître.

Quand le malheur poursuit un homme, il ne
lâche pas sitôt prise : André Dumon demeura
trois semaines sans travail. Il fallut avoir recours
au mont-de-piété. Chaque jour de ces trois fatales
semaines, toutes les petites bouches roses, déjà
pâlies, qui naguère s'ouvraient pour l'embrasser
ou babiller avec lui, ne s'ouvraient plus, hélas !
que pour lui dire ce mot terrible, digne de l'enfer : « J'ai faim ! »

Le tableau de Prud'hon, *la Famille malheureuse*, un chef-d'œuvre de résignation dans le
désespoir, pouvait alors se voir tous les jours
chez le tailleur de pierres. Pareils aux enfants de
Prud'hon, les enfants du tailleur de pierres,
quelque affamés qu'ils fussent, avaient je ne sais
quels yeux vifs et quelle bouche souriante même
sous les larmes, qui prenait le cœur.

La pauvre mère, malgré ses veilles, ne put

parvenir à dégager son linge du mont-de-piété.
La Mère des Douleurs accoucha dans une étable
où il faisait chaud; la femme du tailleur de
pierres accoucha le jour de Noël, mais dans un
grenier, sans feu et sans langes.

Elle résista pourtant à tant de souffrances; elle
retrouva dans ses mamelles flétries une dernière
goutte de lait pour nourrir le nouveau venu.

IV

LES TENTATIONS DU PAYS LATIN

Un matin, Rosine descendit, pour acheter des pommes.

Elle était habillée pour l'amour de Dieu : une petite jupe verte, un corsage de basin blanc, des pantoufles de Cendrillon qui ne cachaient pas la finesse et la blancheur de son pied nu. Deux touffes de ses cheveux en broussailles flottaient au vent sur ses joues, et voilaient à demi ses yeux profonds comme le ciel.

Elle était charmante ainsi, dans tout le luxe de ses dix-sept ans.

Un grand étudiant blond qui l'avait vue sortir, comme une vision, d'une obscure allée, la suivit pas à pas, émerveillé de tant de grâce juvénile.

Une charrette de maraîcher arrêta Rosine au passage entre deux portes. Tout naturellement l'étudiant s'arrêta aussi. Elle le regarda et rougit.

— Mademoiselle (c'était la première fois qu'on appelait Rosine *mademoiselle*), vous allez vous perdre si vous ne me suivez pas.

Rosine ne répondit pas, mais elle ne songea pas à s'offenser.

— Mademoiselle, reprit l'étudiant avec un regard plus vif, qu'est-ce que prouve la vie? La mort. Qu'est-ce que prouve la mort? La vie. Qu'est-ce que prouvent la vie et la mort? L'amour.

La charrette allait passer ; l'étudiant se rapprocha de Rosine et lui saisit la main.

— Monsieur, je n'ai pas assez d'esprit pour vous
répondre.

— Mademoiselle, le premier trait d'esprit d'une
femme, c'est sa figure ; le dernier, c'est son cœur.

— Monsieur...

La voix de Rosine expira sur ses lèvres.

— Encore un mot, mademoiselle. Voulez-vous
être de moitié dans ma fortune d'étudiant ? Deux
cents francs par mois, — c'était hier le 1er du
mois, — une jolie chambre à un lit, la Closerie
des lilas deux fois par semaine, un joli chapeau
bleu de pervenche pour ombrager cette fraîche
figure, une robe de soie bleue, un collier de
perles du Rhin, des bottines à chausser Cendrillon. C'est peu ; mais, avec le cœur de Rodrigue,
c'est tout. Si vous saviez comme on est heureux

de vivre là-bas vers le Panthéon, rue de la Harpe, nᵒ 50 !

La charrette était partie ; Rosine, abasourdie de toutes ces paroles, qu'elle ne comprenait pas bien, finit par dégager sa main·et par s'échapper.

L'étudiant vit bien qu'il s'était mépris ; cependant il ne voulut pas s'éloigner encore ; il suivit des yeux la jeune fille ; elle acheta des pommes et revint sur ses pas en mordant à belles dents. Il l'attendit de pied ferme, résolu de tenter encore la bonne fortune. Mais Rosine, craignant de le rencontrer une seconde fois, entra dans l'arrière-boutique d'une fruitière, d'où elle ne sortit que cinq minutes après, mais tout émue encore. Le jeune homme n'était plus là.

Loin de se fâcher contre les airs sans façon de l'étudiant, Rosine lui sut gré de lui avoir dit, avec tout l'accent de la vérité, qu'il la trouvait jolie.

Rentrée dans son cabinet, elle se mira vingt fois, tout en regrettant d'être sortie avec des cheveux en désordre.

— Si je l'avais suivi ! dit-elle en rougissant.

Elle chercha à se faire le tableau de la vie de l'étudiant; elle y prit place, elle se vit avec une robe de soie, — une robe de soie bleue ! se disait-elle en tressaillant; — un chapeau, — un chapeau à fleurs ! poursuivait-elle en encadrant sa fraîche figure dans ses mains, que le travail n'avait pas gâtées. Enfin, elle fit passer sous ses yeux tout l'attirail du luxe du pays latin. Elle se vit suspendue au bras de l'étudiant, rangeant et dérangeant dans la petite chambre de la rue de la Harpe; le matin, ouvrant la fenêtre pour respirer le bonheur et pour arroser quelque pot de jacinthe ou de verveine; le soir, travaillant devant un vrai feu à quelque fine manchette ou à quelque léger bonnet.

— Mais la nuit ?... dit-elle tout à coup.

A cette pensée, elle retomba du haut de ses rêves, et vit en rougissant ses seins soulevés par les battements de son cœur.

Deux beaux seins, que, jusque-là, elle n'avait jamais regardés.

V

COMMENT LA MÈRE SAUVA LA FILLE

En face du triste logis d'André Dumon, un vieillard encore vert habitait une baraque, toute décrépite, dont un chiffonnier bien né n'eût pas voulu pour chiffonnière. Ce vieillard, qui s'appelait M. Mahomet, s'était enrichi dans le commerce et dans l'avarice ; on l'a connu, durant un demi-siècle, herboriste et usurier, rue Mouffetard. Il avait bien marié ses enfants : sa fille avait épousé un notaire de campagne ; son fils s'était conjoint à la veuve d'un banquier. Pour lui, retiré des af-

faires avec six mille livres de revenu, il se con-
entait d'une vie obscure qui lui permettait de
faire encore des économies. S'il habitait la rue
des Lavandières, c'est que la maison lui apparte-
nait et qu'il ne la pouvait louer à d'autres.

Une servante, qu'il appelait sa dame de compagnie, gouvernait sa maison. Elle mourut subitement un soir. M. Mahomet parut longtemps
inconsolable. Il chercha à se consoler ; un jour,
il appela chez lui la femme du tailleur de pierres.

— Vous savez, madame Dumon, le malheur
qui m'est arrivé ? Vous avez une fille qui m'a
l'air fort avenant ; voulez-vous, sans préambule,
me l'accorder pour demoiselle de compagnie ? Je
vous logerai tous dans ma maison, sans compter
que je lui donnerai cinquante francs par mois.

— Non, monsieur, dit la mère en se retirant.

Le soir, André Dumon rentra plus tard que de

coutume. On était aux premiers jours de janvier ;
un froid noir pénétrait partout. Les petits enfants,
pâles et affamés, se tenaient les uns contre les
autres, à moitié endormis, devant deux bâtons
de fagot qui brûlaient comme à regret dans
l'âtre le plus désolé du monde ; la mère prépa-
rait le souper, — un souper pour deux, et ils
étaient dix ! — Rosine achevait d'ajuster une ja-
quette pour une de ses jeunes sœurs. Un morne
silence répondait aux mugissements du vent.

Le tailleur de pierres entra en secouant la
neige qui couvrait sa tête, ses bras et ses pieds.
Sa femme alla à lui.

— Voyons, assieds-toi. J'étais inquiète. Il est
près de huit heures ; aussi les voilà tous qui
dorment.

— Ne les réveille pas, dit André Dumon d'un
air désespéré : qui dort dîne.

Mais, à cet instant, la mère ayant fait, sans le vouloir, un bruit d'assiettes, tous les enfants ouvrirent les yeux.

— Allez vous coucher, dit la mère sans écouter son cœur.

— J'ai faim ! dit l'un des enfants.

— Moi, dit un autre, j'ai rêvé que je mangeais un lièvre.

— Vous avez dîné, reprit la mère.

Comme elle parlait avec des larmes dans les yeux, tous les enfants se regardèrent avec une surprise muette.

— Non, reprit la pauvre femme, ne m'écoutez pas, venez à table ; tant qu'il restera une miette de pain ici, chacun en aura sa part.

Rosine ne mangea pas ; la nuit, elle ne dormit pas. Elle entendit son père qui se désespérait.

— Oh ! la misère de Paris ! dit André Dumon en songeant à son petit village éparpillé sur une verte rive de la Meurthe.

A Paris, la misère est mille fois plus sombre que dans le plus pauvre village : tant qu'il y a un rayon de soleil qui égaye le chemin, un arbre vert qui donne de l'ombre, une fontaine qui verse à boire au premier venu, on traîne sa misère avec je ne sais quelle force juvénile ; le sourire du ciel et de la nature vient jusqu'au cœur de celui qui travaille. On voit Dieu à chaque pas, Dieu qui dit d'espérer ! Mais à Paris, dans ces repaires qui semblent bâtis pour des forçats, où le soleil ne luit jamais, où les fenêtres ne s'ouvrent pas sur le ciel, où l'hirondelle ne vient pas faire son nid, la misère est une image de la mort, la misère s'accroupit dans le foyer, s'assied au chevet du lit,

2.

ou préside au banquet de Lazare. C'est la misère de Satan.

— Et quand on songe, dit tout à coup la mère, que si Rosine...

Le père, malgré ses craintes et ses angoisses, repoussa avec une douleur sauvage les coupables espérances de sa femme.

—Jamais! jamais! dit-il en agitant les bras ; il y a encore dans mes mains assez de force pour protéger toute ma famille contre la faim, le froid et le déshonneur !

Rosine, qui de son cabinet entendait tout, respira, s'agenouilla et remercia Dieu d'avoir si bien inspiré son père.

— Hélas! dit la mère, je sais bien qu'à force de travail tu nous sauverais ; mais tu mourras à la peine.

Le matin, le tailleur de pierres partit pour son travail. Rosine sortit du cabinet d'un air abattu ; la pauvre mère vint à elle. A cet instant les enfants, à peine éveillés, appelèrent leur mère et leur sœur par leurs cris ; elle pensa avec angoisse aux tristes jours d'hiver qu'ils allaient' traverser.

— Faudra-t-il donc, dit la mère en regardant Rosine, que, pour l'honneur de celle-ci, je laisse mourir tous les autres de faim ?

Mais elle aimait trop Rosine.

— Non, non, dit-elle en l'embrassant, je ne ferai jamais cela.

Et elle cacha ses larmes dans les cheveux de Rosine.

— Va-t'en, va-t'en, je te l'ordonne, c'est Dieu qui m'inspire ; tu es belle, tu as de l'esprit, Dieu te conduira par la main ; ne reste pas ici, où le

malheur est venu ; un jour nous nous retrouve-
rons.

Elle prit la main de sa fille et la conduisit sur
l'escalier.

— Adieu ! lui dit-elle d'une voix étouffée.

Rosine comprit. Elle rentra pour s'habiller ; ce
qui fut bientôt fait. Après quoi, elle embrassa ses
petits frères et ses petites sœurs.

— Je prierai pour mon père, dit-elle.

Et, tout éperdue, elle descendit rapidement
l'escalier, comme si elle eût obéi à une voix
suprême.

— Où vais-je ? se dit-elle quand elle fut dans
la rue.

Elle alla sur le quai de la Tournelle, voyant
toujours sous ses yeux sa mère à moitié folle,
qui voulait tour à tour la perdre et la sauver.

Le père de Rosine, fils et petit-fils de soldat,

savait l'honneur et fût mort pour l'honneur ; —
tout son luxe était une croix gagnée par son
grand-père. — Quoique simple tailleur de pierres, il avait un cœur haut placé, un esprit libre,
une âme fière. Il avait peu lu, toutefois il avait
appris les belles actions : l'héroïsme, la grandeur,
le génie, lui avaient révélé la dignité humaine.
Mais sa femme, qui ne voyait pas si haut, qui
était plus que lui en face de la misère, qui avait
plus d'une fois répandu une larme sur les lèvres
de l'enfant à la mamelle, ne voyait pas que
l'abîme du mal fût si profond. Si Rosine fût demeurée près d'elle, peut-être eût-elle fini par la
jeter, un jour de désespoir, dans les bras de
M. Mahomet.

LA HARPIE

Comme Rosine arrivait au pont Notre-Dame, elle se trouva devant une peuplade bruyante et bariolée qui faisait cercle autour d'une chanteuse des rues s'accompagnant d'une harpe.

Ceux qui la connaissaient d'un peu près l'appelaient la Harpie. C'était une femme ravagée par le temps et surtout par les passions. Elle avait à peine trente-cinq ans ; on lui en eût donné cinquante au premier coup d'œil. Elle était sèche et cassée ; elle agitait sans cesse de grands bras et de grandes jambes comme un faucheux ou comme un moulin à vent. C'était un moulin à paroles. Mais elle avait encore je ne sais quoi dans le regard et dans le sourire qui révélait une vie meilleure. Dans son beau temps, elle avait montré ses jambes dans les chœurs de l'Opéra. Du ciel de l'Opéra, elle était descendue dans l'enfer des petits théâtres ; enfin, de chute en chute, elle était tombée dans la rue avec une voix cassée et une harpe de rencontre. Elle vivait au jour le jour de ses grâces fanées et de ses chansons sentimentales. Elle passait la nuit où il plaisait à Dieu. Elle avait, six semaines durant, entre les deux époques où l'on paye son terme, habité la même maison que le tailleur de pierres. Ayant alors rencontré Rosine dans l'escalier et dans la rue, elle avait songé, à diverses reprises, à l'entrainer avec elle dans le vagabondage en plein vent.

Rosine, qui n'avait pas l'oreille à la chanson, allait passer outre, quand elle fut arrêtée de vive force entre un soldat et un oisif qui n'étaient pas fâchés d'écouter en si fraîche et si douce compagnie. Les survenants ayant, en moins de rien, fait la chaîne autour d'elle, il lui fut impossible d'avancer ou de reculer. Elle se résigna à être du spectacle. Elle reconnut à cet instant la joueuse de harpe. Cette femme reconnut aussi Rosine. Ce jour-là, elle fut frappée de la sombre tristesse de la pauvre fille. Après avoir promené sa sébile, où tombèrent quelques sous, elle prit Rosine par le bras et l'entraîna au prochain cabaret, tout en lui demandant la cause de son chagrin.

— Je n'ai rien, répondit Rosine.

— Des ruisseaux de larmes ! cela se changera en rivières de diamants. Prends garde de les perdre ! Pour moi, quand je pleure, c'est que j'ai soif ou que j'ai mangé de l'oignon.

La Harpie frappa sur la table pour appeler la cabaretière.

— Nous allons becquiller. Donnez-moi un oignon en attendant le festin ; l'oignon fait la force, dit-elle avec sa phraséologie délicate.

La joueuse de harpe versa à boire.

— Trinquons ! Puisqu'il va tomber une averse, prenons un coup de soleil. Contre mauvaise fortune bon vin.

— Je n'aime pas le vin, dit Rosine.

— Des manières ! J'en suis revenue ; c'était bon quand j'avais une ceinture dorée. Aujourd'hui je suis habillée en bric-à-brac. Ceinture dorée vaut mieux que bonne renommée. Trinquons ! c'est du réveille-matin d'Argenteuil.

Rosine refusa de boire ; ce que voyant, la joueuse de harpe vida les deux verres.

— Est-ce qu'il y a une anguille sous roche ? Est-ce que ton amoureux te trahit ? Est-ce qu'on te coupe l'herbe sous la patte ?

Rosine se récria.

— Un amoureux ? vous ne savez pas ce que vous dites.

— Vois-tu, ma belle, le meilleur n'en vaut rien. Moi qui te parle, j'ai eu des amoureux de toutes les façons, à pied et en carrosse. J'ai cabotiné à l'Opéra du temps de Taglioni. J'ai changé plus de mille fois mon billet pour avoir toujours de la fausse monnaie. J'avais beau verser toutes mes larmes, c'était comme si je chantais !

Disant ces mots, la joueuse de harpe se mit à entonner : *Adieu, mon beau navire !*

Son beau navire, c'était sa jeunesse qui fuyait au loin, emportant les belles passions.

— Voyons, un peu de confiance, ma mie ! reprit la Harpie en prenant la main de Rosine ; boissonnons un peu, et dis-moi pourquoi tu pleures.

Rosine raconta naïvement, dans un coin du cabaret, comment elle avait quitté sa mère.

— Je t'arcpince à propos ; si tu veux chanter avec moi, je te donnerai ton gîte, ton pain et ton luxe.

La joueuse de harpe s'émerveillait de plus en plus de la beauté de Rosine ; elle calculait qu'avec une pareille compagne elle ferait fortune tous les jours.

— Je suis ta divine providence, poursuivit-elle ; sans moi, que deviendrais-tu ? car tu ne sais rien faire ; à moins que tu ne deviennes marchande de pommes ou d'allumettes.

— Moi? dit Rosine en secouant ses rêveries, j'aimerais mieux être marchande des quatre saisons que de chanter en pleine rue.

— Mademoiselle la précieuse! tu changeras d'idée; en attendant, je veux bien pousser la bonne volonté jusqu'à te mettre en boutique; je vais t'établir à mes risques et périls, car j'ai confiance en toi. J'ai là de quoi acheter un éventaire et une botte de violettes. Il manque depuis cet hiver une bouquetière sur le pont au Change. C'est entendu. Nous allons souper ici. Moi, j'irai ensuite jouer dans les cafés du quartier. Toi, si tu ne veux pas venir, tu iras te coucher là-haut, je te payerai ton lit. Dans deux heures je viendrai te rejoindre. Va comme je te pousse et ne montre pas ton cadran à la destinée. Il y a de bonnes cascades.

Rosine ne savait que dire. La joueuse de harpe lui fit apporter du pain, du jambon et une bou-

teille de vin. Rosine refusa d'abord de manger ;
mais il y avait si longtemps qu'elle n'avait été
d'un pareil festin, qu'elle se laissa gagner, tout
en s'indignant contre la faim.

— Maintenant, dit la joueuse de harpe en se
levant pour partir, je vais faire un tour dans le
voisinage ; attends-moi ici, ou monte là-haut : le
cabaretier t'indiquera mon baldaquin.

— Je vous attendrai, dit Rosine, ne sachant
pas encore ce qu'elle devait faire.

Elle demeura une demi-heure à réfléchir tristement devant la table encore servie. Tout d'un
coup elle se leva et sortit du cabaret.

Elle reprit, avec un doux battement de cœur,
le chemin de la maison paternelle. Mais, près de
rentrer, le courage lui revint.

— Non, non, dit-elle, je remonterai là-haut
quand je pourrai y porter de l'argent.

Elle retourna au cabaret. La joueuse de harpe était couchée et fumait dans son lit.

— Ah! te voilà, dit-elle. A la bonne heure! je comptais sur toi. Veux-tu fumer une bouffarde? Demain je t'installerai sur le pont au Change. Viens te coucher.

— Et un lit? dit Rosine timidement.

— Un lit! Et le mien? Dieu merci, il y en a qui ne font pas tant de façons! Mademoiselle couchait sur des roses, sans doute!

Rosine regardait avec désespoir ce lit mal hanté que ne protégeaient ni le buis du dimanche des Rameaux ni l'image de la sainte Vierge, ce lit d'hôpital et de cabaret qui donnait envie de coucher sur la paille.

— Si l'oreiller n'est pas assez relevé, tu feras comme moi, poursuivit la Harpie, tu y mettras ta bouteille.

— Ma bouteille?

La Harpie prit une bouteille sous son oreiller.

— Tiens, voilà le paradis jusqu'à l'heure de l'enfer. Quand je m'endors, je bois. Il ne faut jamais que la raison ait prise sur nous.

Rosine, qui ne savait rien de la vie, se coucha tout habillée et presque résignée, sur le lit de la Harpie. Mais, avant de s'endormir, elle pensa que, sous le beau ciel où était Dieu, il y avait de plus dignes créatures que la joueuse de harpe.

VII

LE CAPITAL D'UNE MARCHANDE DE BOUQUETS

— Décanillons, ma belle, car voilà l'aurore qui écarquille ses yeux rouges, dit la Harpie en réveillant Rosine au point du jour.

Elles descendirent le quai. Rosine silencieuse et résignée, la joueuse de harpe babillant comme une pie, cherchant à répandre à petites doses le poison dans ce jeune cœur, qui n'avait d'autre défense que ses nobles instincts.

3.

Elles traversèrent la Cité pour acheter des violettes au quai aux Fleurs. Le marché fut bientôt fait : pour cent sous, la joueuse de harpe eut un éventaire, une botte de violettes, une botte de feuillage, une pelotte de fil et une médaille d'emprunt.

Elle conduisit Rosine sur le pont.

— Voilà ton affaire, lui dit-elle d'un air victorieux. Tu as une jolie voix, tu n'as qu'à parler pour faire *flores*, surtout avec ton miroir aux alouettes. Que tes bouquets soient joliment épanouis, qu'ils soient faits de rien, car c'est plutôt ton sourire qu'on achètera que tes fleurs.

— Je ne veux vendre que des bouquets, dit Rosine d'un air digne et naïf.

— Allons, ne te fâche pas. Souffle dans tes doigts, et promène-toi de long en large, car il fait froid aujourd'hui. Pour moi, je vais conti-

nuer ma chanson, comme le Juif errant, n'ayant
pas plus le sac que lui. A la brune, je viendrai te
prendre pour t'emmener souper avec mes cinq
sous. Mais n'oublie pas que je t'ai dotée d'un
capital qui doit me rapporter cent sous par jour.

La joueuse de harpe s'éloigna sur ces paroles,
en pensant que c'était de l'argent bien placé.
Restée seule, Rosine respira plus à l'aise. Elle
dénoua les violettes et le feuillage, cassa un bout
de fil sous ses petites dents blanches et fit son
premier bouquet. Le bouquet fait, elle le trouva
si joli, — il y avait longtemps qu'elle rêvait au
plaisir d'acheter une simple fleur, — qu'elle oublia un instant que ce premier bouquet était fait
pour être vendu : elle le mit sans façon à son
corsage. Jamais femme du monde ne mit une
parure de diamants avec un plus doux plaisir.
En voyant les violettes à sa gorge, Rosine sentit

doucement son cœur battre, un gai sourire s'épa-
nouit sur sa figure.

— Le bonheur doit sentir les violettes, murmura-t-elle.

VIII

COMMENT UN ÉTUDIANT BLOND CUEILLIT LE PREMIER BOUQUET DE VIOLETTES

A peine Rosine eut-elle si bien placé son premier bouquet qu'un grand garçon un peu dégingandé, avec une certaine tournure chevaleresque, s'arrêta devant elle en fouillant dans la poche de son habit.

— La belle bouquetière, donnez-moi un bouquet.

— Je n'en ai point de fait, dit Rosine en rougissant sans oser lever les yeux.

— Eh bien, j'attendrai, quoique avec une si jolie fille, on perde tout pour attendre. Mais si vous vouliez me donner celui que vous avez là ?

Disant ces mots, le jeune homme toucha doucement le corsage de Rosine. Elle leva les yeux d'un air offensé.

— Ah ! c'est vous ! s'écria-t-elle avec entrainement.

Elle devint plus rouge encore ; elle soupira et laissa tomber les violettes qu'elle avait à la main.

Elle venait de reconnaître l'étudiant de la rue de la Harpe.

— Hélas ! pensa-t-elle, il ne m'a pas reconnue, lui !

En effet, l'étudiant avait presque oublié cette jolie figure, qui l'avait arrêté et séduit dans la sombre rue des Lavandières.

Cependant, dès que Rosine leva ses beaux yeux veloutés, il la reconnut aussi.

— Je suis enchanté de la rencontre, car nous sommes de vieux amis ; à ce titre, vous ne pouvez me refuser le bouquet que voilà.

Il avança encore la main pour cueillir le bouquet.

— Attendez donc, lui dit-elle avec un charmant sourire.

Elle prit elle-même le bouquet et l'offrit au jeune homme.

— Quel bon parfum de jeunesse ! dit-il en le portant à ses lèvres.

Il avait déposé une petite pièce de cinq francs sur l'éventaire.

— Adieu, reprit-il en s'éloignant, ou plutôt au revoir, car je passe souvent sur ce pont, qui va devenir pour moi le pont des soupirs.

Il revint sur ses pas sans s'inquiéter des curieux qui s'amusaient à cette comédie.

— Ma pauvre enfant, vous allez mourir de froid ici. Que diable ! on ne se fait pas bouquetière en janvier. Je ne suis pas dans l'habitude d'enlever les femmes ; cependant vous savez que je vous offre mon hôtel peu garni et mon cœur, — rue de la Harpe, n° 50, hôtel de Paris. Vous demanderez M. Edmond La Roche, — vingt-trois ans, — quasi magistrat, — en un mot un homme sérieux.

— Si vous me parlez de cette façon, monsieur, je ne vous vendrai plus de violettes.

— Vous me les donnerez. Adieu !

Cette fois, Edmond La Roche s'éloigna pour tout de bon ; cependant il se retourna avant de perdre de vue Rosine pour lui faire un signe de main. La belle bouquetière, qui l'avait suivi du regard, ne put s'empêcher de lui faire un signe de tête. Elle se remit à l'œuvre avec un rayon de joie dans l'âme. L'amour était venu pour elle, l'heure d'aimer sonnait son gai carillon. Tout en faisant ses bouquets, elle se rappelait mot à mot tout ce que lui avait dit l'étudiant. Elle le voyait sans cesse, avec son manteau à l'espagnole fièrement et négligemment jeté sur son épaule, ses grands cheveux blonds ébouriffés, sa fine moustache, ses traits un peu sévères, qui contrastaient si bien avec sa façon railleuse et gaie de parler l'amour. *

— Si j'osais ! dit-elle en soupirant.

Quand Rosine eut noué trois ou quatre bouquets, il lui vint un autre chaland : c'était encore un étudiant ; mais celui-ci avait une belle fille à son bras. Ils allaient follement par la ville, d'un air sans souci, dans toute la liberté de la jeunesse et de l'amour. Le jeune homme prit un gros sou

dans son gilet, le mit dans la main de la bouquetière et choisit sans façon son bouquet.

— Tiens, Indiana, dit-il à sa compagne, voilà
ton bouquet de mariée.

— Après le mariage, dit Indiana.

Rosine ne comprit pas.

— D'où vient, se demanda-t-elle, que ce jeune
homme ne me va pas comme l'autre ?

Il y avait plusieurs bonnes raisons : Edmond
La Roche était le premier venu ; il allait sans
compagne, il n'avait eu garde de lui glisser un
gros sou dans la main.

— Au moins, dit-elle, il ne m'a pas payé le
bouquet, lui.

Elle achevait à peine ces paroles, quand elle découvrit, en détournant ses violettes, la petite pièce
d'or.

— Oh ! mon Dieu ! dit-elle en pâlissant, je ne

lui ai pas rendu la monnaie de sa pièce. Comment faire ?

Après avoir un peu réfléchi, elle reprit en souriant :

— Je suis bien sûre qu'il reviendra, et alors...

Elle vit au bout du pont l'autre étudiant et sa maîtresse qui avaient l'air de danser en marchant, soit par accès de folle gaieté, soit pour mieux braver le froid, car ils étaient court-vêtus.

— Où vont-ils ainsi? se demanda Rosine. On est donc bien heureux quand on n'est pas seul?

Rosine en était là de sa rêverie amoureuse, quand la joueuse de harpe vint lui rappeler son infortune en se présentant devant elle, comme un créancier impitoyable qui n'attend pas même l'heure de l'échéance.

— Eh bien, mademoiselle Printemps, combien as-tu vendu de bouquets?

— Deux, répondit Rosine en tremblant; et encore on ne m'en a payé qu'un.

La joueuse de harpe se fâcha tout rouge.

— Tu es une sotte! Si j'avais tes vingt ans et ton minois, j'aurais déjà vendu et revendu toutes mes violettes; mais toi, tu es là comme une statue, sans desserrer les dents! C'est bien la peine d'avoir des dents de loup! On sourit, on jase, on chante, on pipe son monde.

— Je vois bien que je n'entends rien à ce métier-là, dit Rosine avec orgueil : reprenez votre éventaire.

— Point tant de façons! tu es à mon service, tu n'auras point d'autre volonté que la mienne.

Et, disant cela, la joueuse de harpe secoua violemment Rosine.

La pauvre fille, indignée, dénoua le ruban fané qui retenait l'éventaire.

— Voilà votre bien, dit-elle en pleurant ; moi, je ne suis à personne.

L'éventaire tomba ; la joueuse de harpe se mit en fureur ; Rosine, effrayée, s'enfuit sans savoir où elle allait.

IX

Où aller dans ce pays perdu ? Rosine marcha comme chassée par le vent. Voyant le portail de Notre-Dame, elle en franchit le seuil avec un doux battement de cœur. Elle alla droit à l'autel de la Vierge, et pria la Mère de Dieu de lui montrer son chemin.

— Du moins, pensait-elle, je suis dans la maison de Dieu, je n'ai rien à craindre ; on est ici à l'abri de toutes les mauvaises passions ; ceux qui aiment Dieu sont protégés dans son église.

Elle s'était remise à prier, quand une vieille femme vint lui demander brusquement deux sous.

— Deux sous ! dit Rosine effrayée.

— Oui ; il faut bien que mes chaises soient payées.

— Je n'ai pas pris vos chaises ; voyez, je suis à genoux.

— Oui, mais à genoux devant une chaise.

— O mon Dieu ! s'écria Rosine, je croyais pouvoir prier Dieu sans argent.

— Point d'argent ?

— Non, madame.

— Vagabonde ! ce n'est pas ici votre place !

Rosine se leva et s'éloigna.

— Une idée, dit la vieille.

Elle courut à Rosine.

— Ecoutez, mon enfant, je ne suis pas si noire

que j'en air l'air. Voulez-vous que je vous donne des conseils?

Rosine, surprise, s'était arrêtée.

— Vous êtes bien jolie, poursuivit la·loueuse de chaises; des minois comme le vôtre ne sont pas faits pour les déserts. Tenez, j'ai une fille qui cherche une femme de chambre; je crains bien que vous ne sachiez rien faire; mais vous pourrez vous entendre avec ma fille, qui ne fait rien. Allez chez elle de ce pas : madame de Saint-Georges, rue de Bréda, nº 10.

— J'irai peut-être, dit Rosine en s'éloignant.

Tout en se promettant de ne pas suivre le conseil de cette vieille marchande du Temple, Rosine alla, d'après ses souvenirs et tout en demandant le chemin, vers la rue de Bréda.

Arrivée devant la maison indiquée :

— Que puis-je risquer? dit-elle en tremblant; i

4

sera toujours temps de chercher un sort ailleurs.

Elle entra et demanda madame de Saint-Georges. Elle monta au second étage et sonna toute tremblante. Une femme de trente ans vint ouvrir avec humeur. Voyant Rosine, elle voulut d'abord refermer la porte.

— C'est votre mère qui m'envoie vers vous, dit Rosine.

— Ma mère? laquelle, car j'ai été changée en nourrice.

— Votre mère m'a dit que vous cherchiez une femme de chambre.

— Elle est folle, et vous aussi.

Mademoiselle Georgine, — quelquefois madame de Saint-Georges, — éclata de rire. Trouvant la chose plaisante, elle prit la main de Rosine, et l'emmena dans son boudoir, où un jeune homme jetait avec une gravité comique des roses à une fille d'Opéra qui répétait son rôle de sylphide tout en fumant une cigarette.

— La plaisanterie passe les bornes, dit Georgine en entrant ; ma mère m'envoie une femme de chambre.

— On dirait une figure de Greuze, dit le jeune homme ; il ne lui manque guère qu'une cruche à casser. Votre mère est une femme d'esprit.

Rosine, rouge comme une cerise, voulut s'en aller ; Georgine la retint.

— Vous êtes une enfant ; vous ne savez donc pas rire ?

— Non, madame.

— Eh bien, rassurez-vous, nous pleurons souvent.

Georgine, qui n'était pas belle, aimait la beauté. Il lui sembla que la compagnie de Rosine lui porterait bonheur. Elle la conduisit dans son cabinet de toilette et ouvrit une grande armoire, où étaient jetées en désordre des robes de toutes les façons et de toutes les couleurs.

— Voyez, dit-elle en secouant ces chiffons oubliés, choisissez et habillez-vous ; après quoi nous verrons.

Rosine, demeurée seule, fut éblouie et effrayée par tout ce luxe qui avait fait son temps.

— C'est donc une duchesse? dit-elle de plus en plus émerveillée.

Et Rosine regarda autour d'elle pour voir si elle était bien seule. Elle aperçut son image réfléchie par trois ou quatre glaces.

— Après tout, dit-elle en s'avançant vers un porte-manteau, je ne fais de mal à personne.

Elle détacha la première robe venue ; elle essaya de la mettre et n'eut pas de peine à y

réussir. Dès que la robe fut agrafée, Rosine, qui
ne s'était pas perdue de vue dans le miroir, se
trouva plus belle que jamais. C'était une robe de
moire, un chef-d'œuvre de Palmyre. Rosine se
ploya comme un roseau, monta sur une chaise,
inclina le cou, croisa les bras sur sa gorge dans
l'altitude d'une vierge ; en un mot, elle prit, en
moins de quelques secondes, une bonne leçon de
grâce et de coquetterie.

— Ah ! dit-elle presque avec regret, si ce monsieur de la rue de la Harpe me voyait comme je
suis là !

Elle s'aperçut, tout en se trouvant charmante,
que son petit bonnet n'allait plus à sa figure, ce
pauvre et cher bonnet qu'elle avait brodé dans ses
tristes veillées du dernier automne ! — Elle le
jeta de côté, et saisit un peigne d'écaille dont la
vue lui fit battre le cœur. — Elle se peigna avec

4.

délices ; jamais elle n'avait pris tant de plaisir à tourmenter ses beaux cheveux.

Georgine vint la surprendre.

— Eh bien, mon enfant ? — Mon Dieu, que vous êtes jolie !

Cette exclamation avait échappé à Georgine presque malgré elle.

— Vous croyez ? dit Rosine tout effarée. C'est votre robe...

— Quels beaux cheveux ! venez donc ainsi dans mon boudoir.

— Non, non, dit Rosine avec pudeur, comme si elle se trouvait trop belle pour se montrer au grand jour.

Cependant Georgine l'entraînait sans trop de résistance.

— Voyez, dit cette fille en entrant dans le boudoir, voyez quelle métamorphose !

Le jeune homme se leva, frappé de l'éclat de cette jeune beauté.

— Voyez, il ne manquait qu'un cadre d'or à ce charmant portrait.

— Prenez garde, on enlèvera votre femme de chambre.

— M'enlever ! s'écria Rosine.

— Il ne sait pas ce qu'il dit ; ne l'écoutez pas.

— Est-ce qu'on enlève les femmes à présent ? dit la danseuse, qui était au bout de sa pointe et de sa cigarette.

— Est-ce qu'on ne m'a pas enlevée, moi ? dit Georgine avec dignité.

— Oui, dit l'autre, dans un omnibus qui allait de l'Opéra à l'Odéon. Je m'en souviens, j'étais de la partie. Et nous n'étions pas belles comme Rosine.

— Allons, Olympe, respectez-moi devant mes gens.

— Tes gens ! tu te figures que cette jolie fille va rester à ton service ?

— Oui, mademoiselle, dit Rosine avec un accent de fierté ; je servirai madame de Saint-Georges de tout mon cœur.

— Je ne veux pas contrarier une fille d'aussi bonne volonté ; mais je ne vous donne pas deux jours à vivre ensemble.

— N'écoutez pas cette folle, dit Georgine en conduisant Rosine dans la salle à manger. Vous vous tiendrez ici ; voilà une corbeille pleine de riens, prenez des aiguilles et travaillez comme une fée, si vous en êtes une.

Rosine se mit à l'instant même à faire une reprise à un fichu de dentelle.

— Très-bien ! dit Georgine enchantée, quand les visiteurs furent partis. Nous nous entendrons à merveille ; je suis une bonne fille, trop pares-

seuse pour être exigeante. Il n'y a pas grand'chose
à faire ici. Ma cuisine est au café Anglais. Le matin
vous m'habillerez ; vous arroserez les fleurs de la
jardinière ; vous roulerez de temps en temps des
cigarettes. Le soir, quand je vous le dirai, vous
viendrez me chercher à l'Opéra.

— A l'Opéra ?

— Oui. Vous voyez que tout cela n'est pas bien
difficile.

— Mais c'est une vie de conte de fées ! dit gaiement Rosine.

— Oui, vue d'un peu loin ; mais ne parlons pas
de cela.

Rosine croyait avoir ouvert la porte des paradis
perdus. Pour elle, qui était curieuse comme toutes
les femmes, — plus curieuse, puisqu'elle n'avait
rien vu, — chaque jour, chaque heure, chaque
seconde, lui révélait un coin de ce tableau char-

mant et triste, lumineux et sombre, où s'ébattent
les passions profanes.

Une semaine se passa. Rosine avait vu venir
chez la choriste les femmes les mieux habillées et
les hommes les plus galants, suivant son expression. Elle ne dormait plus ; elle était dans un
nouveau monde, dont elle comprenait à peine la
La nuit, dans ses rêves, elle se voyait à son tour
parée, fêtée, aimée, belle de toutes les beautés,
heureuse de toutes les ivresses.

X

LA LÉGENDE

Comme elle s'éveillait de bonne heure, selon sa coutume familiale, et comme madame de Saint-Georges ne s'éveillait qu'à midi, Rosine lisait toute la matinée les livres qui lui tombaient sous la main. Ce n'étaient ni la Bible ni l'Évangile. C'étaient des romans qui l'initiaient à la vie parisienne, à toutes les belles folies de ce paradis infernal pavé de mauvaises intentions.

Un jour qu'elle était presque décidée à se jeter tête perdue dans le tourbillon, elle fut ramenée à la dignité de son cœur par la lecture de cette petite légende. Comme dit le poëte : « Il faut une chaîne d'or pour entraîner une fille au démon, il ne faut qu'un fil de la Vierge pour la ramener à Dieu. »

I.

Voyez-vous là-bas cette jolie fille, si parée avec sa méchante robe, comme elle allume à ses yeux le regard des passants ?

C'est Madeleine.

Voyez-vous, plus loin, cette franche et simple beauté, haute en couleur comme les roses, — ou plutôt comme le vin de Bourgogne ?

C'est Jeanne.

II.

Où vont-elles, les deux sœurs ? Elles vont où les entraîne leur poésie ; car la poésie, c'est comme l'air : tout le monde en vit.

III.

Jeanne va gaiement à la barrière retrouver son amoureux, un beau de la barrière, qui l'épousera bravement par-devant l'écharpe tricolore.

Elle sera battue et contente, la pauvre Jeanne! Elle souffrira toutes les douleurs de la maternité et de la misère, mais elle aimera son nid. — Elle aimera tous ceux qui auront déchiré son sein, elle aimera celui qui, deux fois par semaine, rentrera ivre, — ivre de vin violet! — et la battra si elle n'est pas en gaieté.

Elle aimera son homme et ses enfants, parce que Dieu sera avec elle.

IV.

Et Madeleine, où va-t-elle?

Elle va trouver un étudiant qui fume un cigare en retroussant sa moustache. Il lui achètera une robe à trente-six volants et un chapeau tout enguirlandé de fleurs et de dentelles. Après quoi, ils iront danser ensemble à la Closerie des lilas, — après quoi, ils iront souper ensemble, — après quoi, ils n'iront pas voir lever l'aurore...

Après quoi elle ira partout, excepté chez elle; car ce premier lit que protégeait le rameau de buis, sa sœur seule y reviendra.

V.

Madeleine, comme l'enfant prodigue, dépensera tous les trésors de son cœur et de sa jeunesse, sans jamais trouver un homme qui l'aimera bravement — aujourd'hui et demain !

Elle courra toujours pour se fuir elle-même, parce que Dieu ne sera pas avec elle.

VI.

Et un jour elles se rencontreront, les deux sœurs. Et, et se voyant demi-nues, — Madeleine demi-nue pour l'amour, Jeanne demi-nue pour l'amour maternel, — la mère féconde dira à la femme stérile, comme la voix de l'Écriture :

« Tu n'as embrassé que le vent et tu n'as écrit ton
« nom que sur les flots. Cache, cache tes seins flétris :
« moi, je les montre avec fierté, car j'y vois encore les
« lèvres de mes onze enfants. »

Rosine se souvint de sa mère, pleura beaucoup et jura de vivre dans la vertu.

XI

LA ROBE DE SOIE A TRENTE SIX VOLANTS

Quoique Rosine n'eût point l'habitude de cher
cher à surprendre les secrets, un matin, ayant à
parler à Georgine, elle s'arrêta à la porte du boudoir, un peu retenue, il est vrai, par la crainte
d'importuner. Elle entendit prononcer son nom.
Georgine était avec son ancienne compagne d'a-
ventures, mademoiselle Olympe, qui lui parlait
d'une promenade à Saint-Germain.

Voici ce que Rosine entendit :

— Oui, ma chère, M. Octave, celui-là qui fleurit

tous les jours sa boutonnière d'un camellia, depuis qu'il a vu Rosine, en est affolé ; il veut à toute force la prendre pour sa maîtresse.

— Quelle idée !

— Comme il espère que tu seras favorable à ses projets, il te donne ce bracelet.

— Crois-tu que les pierres ne soient pas fausses ?

— Es-tu bête ! Octave est un homme comme il faut. C'est décidé, n'est-ce pas ? nous allons toutes les trois à Saint-Germain, où ces messieurs ont une maison de campagne ; attiffe Rosine avec coquetterie, fais-la coiffer et donne-lui ton collier de perles fausses.

Rosine s'éloigna avec indignation. Elle comprit que, grâce à sa figure et à sa pauvreté, sa vertu ne serait nulle part à l'abri ; que le mauvais esprit la reconnaîtrait et la suivrait toujours, soit qu'elle se couvrît de haillons, soit qu'elle se couvrît de soie, de dentelles et de bijoux. Elle se mit à pleurer.

— Je n'irai pas à Saint-Germain, dit-elle en essuyant ses larmes.

A peine avait-elle dit ces paroles, que Georgine, venant à elle, lui ordonna de se coiffer et de s'habiller pour l'accompagner dans une promenade à la campagne.

— Hâtez-vous, ajouta Georgine ; mettez ma robe de soie lilas à triple carillon. A propos, j'ai là un collier de perles qui vous ira bien ; je vous le donne.

Disant cela, Georgine passa le collier au cou de Rosine, qui ne savait que répondre. La pauvre fille alla dans le cabinet de toilette dont elle avait fait sa chambre, bien résolue à ne point s'habiller. Mais elle ne put s'empêcher de voir un peu dans une glace quelle figure elle faisait avec le collier.

— Hélas ! dit-elle, c'est dommage, car cela me va si bien !

Rosine voulut détacher le collier ; mais le diable y avait mis la main ; elle demeura longtemps devant le miroir, égarée par mille songes féeriques.

— Pourquoi dirais-je non ? murmura-t-elle. Dieu m'en voudra-t-il parce que j'aurai pris un peu de place au soleil ?

Et comme elle songeait au complot formé contre elle :

— Non, non, jamais à ce prix-là !

Elle saisit le collier et le jeta sur le tapis.

— Eh bien, Rosine, avez-vous fini ? lui cria sa maîtresse.

— Oui, madame. — Que vais-je devenir ? se demanda Rosine. — Une idée ! c'est Dieu qui me l'envoie !

Elle ouvrit une armoire où elle avait déposé ses pauvres habits.

— Hélas ! dit-elle en les dépliant, est-ce que je pourrai jamais remettre ces habits-là ? c'est impossible ! on me suivrait dans les rues. Est-il croyable que je sois venue ici avec ces naillons ?

On ne perd jamais l'habitude du luxe, mais on se déshabitue si vite de la misère ! Rosine sou pira.

— O ma mère ! dit-elle en baisant sa robe d'indienne avec respect.

— Eh bien, vous êtes donc folle ? dit Georgine sur le seuil ; je vous attends. Que signifie tout ce désordre ?

— Je ne puis pas parvenir à m'habiller, dit Rosine.

— La niaise ! Voyons, laissez-vous faire. Olympe, viens donc à notre aide.

Les deux amies s'empressèrent d'habiller Rosine. En moins de dix minutes, elle fut parée de la tête aux pieds.

— Vous voilà belle comme une mariée, dit Olympe.

— Une mariée ! murmura-t-elle tristement.

XII

DU DANGER QUE COURUT LA VERTU DE ROSINE

Mademoiselle Georgine ne craignait pas de faire le mal. Avec cette belle idée qu'elle avait été changée en nourrice, elle espérait qu'au jour du jugement dernier sa sœur de lait porterait le poids de ses péchés, tandis qu'elle recueillerait la récompense des vertus de la mère de famille, car l'autre s'était mariée et faisait souche.

Mademoiselle Georgine, mademoiselle Olympe et Rosine sortirent toutes les trois, préoccupées de sentiments divers. Elles descendirent à la rue

5.

Saint-Lazare, devant aller à pied jusqu'au chemin de fer. Les deux amies se prirent par le bras ; Rosine les suivit, d'abord pas à pas, ensuite à légère distance ; bientôt, fière et résolue, elle s'envola comme un oiseau qui recouvre la liberté.

Où alla-t-elle ?

Elle descendit la rue Laffitte. Sur le boulevard, ne sachant plus son chemin, elle s'approcha d'un Auvergnat et lui demanda tout en rougissant, comme si elle lui eût confié un secret :

— Où est la rue de la Harpe ?

Mais, quand Rosine arriva devant la rue de la Harpe, elle s'arrêta, croyant qu'elle n'aurait pas le courage d'aller plus loin.

— Mon Dieu ! dit-elle en regardant l'hôtel de Paris, si je ne vais pas là, où irai-je ?

Elle avança lentement, pâle comme la mort,

aveuglée par mille visions flottantes. Elle ne re-
marqua pas un élégant coupé à deux chevaux
en station devant l'hôtel, ce qui était un événe-
ment dans la rue. Les étudiants venaient d'ouvrir leurs fenêtres pour chercher à découvrir le
secret de cette visite aristocratique. Ils avaient
déjà échafaudé vingt romans fort compliqués
dont leur voisin était le héros.

Avant d'entrer, Rosine leva la tête, comme si
son regard dût avertir Edmond La Roche. Elle
fut très-confuse de voir aux fenêtres toutes ces
figures insouciantes couronnées d'un nuage de
fumée.

Elle avait à peine regardé qu'elle se dit :

— Il n'est pas à la fenêtre.

Elle avança le pied sur le seuil de la porte.
Elle était éblouie et ne savait plus bien où elle
allait.

Au pied de l'escalier, elle demanda d'une voix étouffée M. Edmond La Roche.

— Numéro 17, lui répondit-on.

Elle s'égara durant quelques minutes ; elle monta d'abord trop haut, elle redescendit trop bas ; enfin le numéro 17 frappa ses yeux dans l'ombre comme des traits de feu.

— S'il n'était pas seul ! dit-elle avec terreur.

Elle écouta. Cet hôtel de la rue de la Harpe est un des plus agités du quartier, — à toute heure du jour, — souvent à toute heure de la nuit, — on y vit bruyamment ; ce n'est pas dans le pays latin que l'étude et l'amour aiment le silence. Rosine entendit donc des cris, des chansons, des éclats de rire. Il lui fut impossible de reconnaître si l'on parlait dans la chambre d'Edmond La Roche.

Enfin, elle frappa légèrement et écouta avec

anxiété ; on la fit attendre ; elle allait frapper une seconde fois, quand elle distingua un bruit de pas.

Presque au même instant Edmond La Roche, vêtu d'une longue robe de chambre à la chinoise, vint ouvrir en homme tout disposé à renvoyer la visite à des temps meilleurs.

— C'est moi, dit-elle naïvement.

Il ne reconnut pas la marchande de violettes sous sa brillante métamorphose.

Toute consternée par un pareil accueil, Rosine n'osait pas entrer.

— Je suppose, dit l'étudiant, que vous vous trompez de porte, il y en a tant ici ; permettez-moi de vous indiquer votre chemin.

— Mon chemin ? est-ce que je le sais moi-même ? Pardonnez-moi de venir pour si peu : voilà, monsieur, une pièce d'or que vous avez

oubliée, il y a huit jours, sur mon éventaire...
quand j'étais bouquetière sur le pont au Change.

Tout en disant ces mots, Rosine prit la petite
pièce et la présenta à Edmond La Roche, qui ne
comprenait encore que vaguement.

Comme elle avait reculé d'un pas, un rayon de
lumière vint frapper sa figure.

— Ah ! c'est vous, dit Edmond La Roche avec
un sourire inquiet ; comme vous êtes devenue
belle ! Est-il possible ! je n'y comprends rien ;
mais à Paris est-ce qu'on a le temps de com-
prendre ?

Il prit la main de Rosine et la conduisit deux
portes plus loin.

— Où allons-nous ? demanda timidement la
jeune fille.

— Attendez, répondit-il en frappant ; que ceci
ne vous inquiète pas. C'est mon meilleur ami,

car je ne suis pas seul, j'ai une visite dans mon cabinet. — Eh bien! — on ne répond pas. Diable!

Edmond attendit en silence, sans trop s'impatienter, quelques secondes encore.

— Mais, monsieur, expliquez-moi...

— Tant pis, poursuivit-il, comme se parlant à lui-même, retournons par là.

Il reconduisit Rosine à la porte de sa chambre. Il entra et dit à une jeune dame qui était avec lui :

— Passe dans mon cabinet de travail, j'ai là un ami qui a un secret à me confier.

Il revint à la porte.

— Entrez, dit-il à Rosine.

Elle entra sur la pointe des pieds.

— Tenez, asseyez-vous devant le feu. Comme vous êtes jolie! morbleu! quels atours! on ne change pas si subitement sans quelque baguette enchantée. — Ah! fille d'Ève, quel a donc été le démon? — Je vous en veux beaucoup de n'être pas venue me charger du soin trop doux de vous habiller ainsi.

Edmond La Roche disait toutes ces choses sans parler trop haut, d'un air tout à la fois curieux et distrait.

— Ecoutez-moi, dit Rosine, car il faut que vous sachiez toute la vérité. Ne commencez point par me condamner. Ces beaux habits qui vous offusquent ne sont pas à moi.

Elle baissa la tête pour cacher sa rougeur.

— Vous me raconterez cela plus tard, dit Edmond La Roche.

— Non, tout de suite, car vous avez l'air de douter...

— Allons, allons, se dit l'étudiant avec un peu d'impatience, cela devient trop édifiant.

Elle va me raconter l'éternelle histoire qu'elles racontent toutes. Encore, si Caroline n'était pas là, je pourrais bien prendre le loisir d'écouter.

— J'aurai bientôt fini, poursuivit tristement Rosine. Vous ne connaissez pas madame de Saint-Georges? J'ai passé huit jours chez elle san savoir où j'étais. Voyez à mes habits ce qu'ell voulait faire de moi : on m'appelait déjà la *marié* Ces habits que j'ai là sont ma première, mai ma seule faute. Ils ne sont pas à moi, mais je n'ai jamais eu la force de reprendre ceux que je portais quand vous m'avez rencontrée. On voulait me parer pour un autre, j'ai gardé les habits et je suis venue ici.

On n'avait jamais conté une histoire avec une plus simple éloquence. C'était la vérité qui parlait.

— Oh! oh! pensa Edmond La Roche en regardant la porte de son cabinet. Voilà un jour de noces qui se présente mal.

— C'est Dieu qui m'a conduite, poursuivit Rosine en rougissant. — N'est-ce pas, monsieur, que vous me sauverez? car je vous aime, vous.

Disant ces mots, elle baissa la tête et essuya ses larmes.

Edmond La Roche lui prit la main, la regarda avec admiration, et, avec l'accent d'un cœur profondément ému, il lui dit :

— Vous voulez que je vous sauve? C'est bien : je vous aimerai.

Un silence suivit ces paroles. Rosine porta la main à son cœur comme pour empêcher l'étudiant d'entendre qu'il battait fort.

— Voyez, reprit le jeune homme, voilà notre

nid. Tout ce que j'ai est à vous, poursuivit-il en raillant un peu.

Il indiquait du doigt quelques meubles surannés d'hôtel garni.

— Mais, reprit-il en traînant son unique fauteuil devant Rosine, que faut-il pour être heureux? Du temps à perdre. Le bonheur, c'est le temps perdu de la jeunesse.

XIII

Rosine ne voulut pas s'asseoir ; elle s'approcha de la cheminée et présenta ses pieds devant le feu.

Elle regardait à la dérobée la chambre de l'étudiant. C'était une chambre garnie — d'hôtel garni : un lit, un fauteuil, une chaise, une commode et une table. Des livres de droit étaient épars depuis la porte jusqu'à la fenêtre ; deux gravures anglaises ornaient les murs revêtus d'un papier bleu, à légers ramages. Le manteau

de la cheminée était sillonné de pipes ; la commode était chargée de chiffons, de cravates et de
gants. Le désordre de cette chambre attestait un
esprit distingué et paresseux qui n'avait pas trop
de temps pour étudier, pour rêver à sa fenêtre
ou pour vivre.

— Ah ! pensait Rosine, comme je serais heureuse de mettre ici tout à sa place !

Edmond La Roche, tout inquiet qu'il fût, ne
se lassait pas d'admirer la jeune fille.

— Que vous êtes jolie ! je ne saurais vous dire
combien je suis heureux de vous voir si près de
moi ! Ces beaux cheveux ondés, comme il me
serait doux de les dénouer !

Disant cela, le jeune homme dénoua adroite-
ment le chapeau de Rosine. Elle leva les yeux
et le regarda tendrement. Ce regard trop doux
troubla violemment Edmond La Roche ; il oublia

qu'il n'était pas seul avec Rosine ; il allait la
saisir à la ceinture et l'appuyer sur son cœur
quand un léger bruit se fit entendre.

Il regarda la porte de son cabinet.

— Il y a quelqu'un ici ! dit Rosine en pâlissant.
Ah ! monsieur, il fallait ne pas m'ouvrir la porte.

L'étudiant garda le silence. Deux sentiments
opposés vinrent agiter son cœur. Il ne savait
plus comment accueillir cette belle fille qui, dans
toute sa candeur charmante, venait se réfugier
sous son toit. L'amour n'aime pas toujours à
prendre ce qu'il a sous la main, Edmond La
Roche eût été heureux d'entraîner Rosine le jour
où il la rencontra dans la rue des Lavandières.
On est accoutumé, par tradition, à ces aventures-
là dans le pays latin ; mais, quand par hasard
on rencontre une passion plus grave et plus
digne, on se réveille aux nobles instincts, on sent

tressaillir son cœur, on s'élève jusqu'au divin sentiment. Le jeune homme ressentait pour Rosine plus d'amour que de passion ; il songeait qu'il lui serait plus doux de la protéger que de la perdre.

Rosine, se détachant de la cheminée, s'était tournée vers la porte d'entrée sans perdre de vue la porte du cabinet.

— Cependant, pensa Edmond La Roche, comme elle l'a dit dans sa sainte ignorance, l'amour seul peut la sauver. Avec un autre, c'est une fille perdue, avec moi...

— Je m'en vais, dit Rosine.

La porte du cabinet s'ouvrit brusquement. Une jeune dame, fort élégamment vêtue, vint droit à Rosine.

Celle-ci s'arrêta.

— O mon Dieu ! je suis perdue ! murmura-t-elle.

Et elle se laissa tomber presque évanouie dans les bras d'Edmond La Roche.

La jeune dame lui fit respirer des sels.

— Ne tremblez pas ainsi, mademoiselle, revenez à vous.

L'étudiant soutenait Rosine dans ses bras.

— Oh! madame, dit-elle en rouvrant les yeux, je suis bien coupable; pardonnez-moi!... Si j'avais su...

Elle se détacha tout à fait d'Edmond.

— Maintenant, je sens que j'aurai la force de m'en aller.

— Pauvre fille! dit la jeune dame d'un air sympathique, où irez-vous?

— Où j'irai? c'est vrai; je ne sais pas où j'irai; mais je ne veux pas rester ici plus longtemps.

Elle regarda tour à tour le jeune homme et la jeune dame.

6

— Pourtant je suis plus jolie, pensa-t-elle.

— Vous ne comprenez pas du tout, car je suis la sœur d'Edmond.

— Sa sœur ! vous êtes sa sœur ?

Rosine se jeta tout éperdue dans les bras de la nouvelle venue, soit parce qu'elle était la sœur de celui qu'elle aimait, soit parce qu'elle n'était pas sa maîtresse.

— Oui, je suis sa sœur, et vous voyez que j'ai raison de veiller sur lui. Ne vous offensez pas. Vous êtes une noble fille qui courez à votre perte ; c'est moi qui vous sauverai, et non Edmond, qui se perdrait avec vous. Je vais vous emmener dans mon coupé ; je suis bien sûre que mon mari m'approuvera. Je ne sais pas encore ce que vous ferez chez moi ; mais, soyez tranquille, vous n'y serez pas une servante ; j'imagine que vous savez coudre, lire, jouer avec les enfants ;

les miens vous amuseront, et vous les amuserez, en attendant que je vous trouve quelque chose digne de vous.

— Je vous remercie, madame, dit Rosine avec reconnaissance, mais aussi avec tristesse; je suis prête à vous suivre et à aller où il vous plaira.

Rosine leva timidement les yeux sur Edmond La Roche.

— Adieu, lui dit-elle; oubliez que je suis venue ici...

— Adieu, dit-il en lui pressant la main. Peut-être, poursuivit-il en regardant sa sœur d'un air railleur, peut-être Rosine fera-t-elle bien d'attendre ici le sort que tu lui prépares.

— Allons, Edmond, ne rions pas de choses sérieuses.

— C'est assez comme cela, ma chère Caroline. Tu m'as fait beaucoup trop de sermons aujourd'hui. Encore, si tu ne m'avais fait que des sermons ! Mais je te pardonne, car Rosine est une fille plus digne d'habiter sous ton toit que sous le mien.

Il embrassa sa sœur, pressa encore la main de Rosine et rentra sans les conduire, craignant d'être en spectacle pour les étudiants de l'hôtel.

Il alla ouvrir sa fenêtre pour voir encore Rosine; quand elle monta dans le coupé, il s'imagina qu'elle lèverait la tête comme par dernier signe d'adieu ; mais elle se blottit dans son coin sans oser faire un mouvement.

Dès que la voiture s'éloigna, il ressentit cette vague tristesse qui nous saisit quand nous voyons partir pour un long voyage une personne aimée. Il dînait toutes les semaines une ou deux fois chez sa sœur ; il pensa d'abord à y aller ce jour-là ; mais il fut retenu par une autre compagne

d'aventure ; car il ne vivait pas en anachorète ;
depuis six semaines il avait une maîtresse fort
connue dans le pays latin sous le nom de la *Folie
Amoureuse.*

La sœur d'Edmond veillait sur lui avec la sollicitude d'une mère. N'ayant pu le décider à
habiter chez elle, rue Laffitte, elle venait de temps
en temps le surprendre le matin, sous prétexte
qu'elle passait dans le voisinage. Elle avait épousé
un banquier très-célèbre à la Bourse et à l'Opéra,
— M. Bergeret. — Déjà quelques-unes des aventures de M. Bergeret avaient éveillé la curiosité des conteurs de chroniques. C'était un
homme aimable, sans esprit, mais ne manquant
ni d'entrain ni de bonnes façons. Ce jour-là, il
avait dit à sa femme qu'il serait retenu fort tard
par les caprices du trois pour cent.

Madame Bergeret fit dîner Rosine avec elle et

ses enfants. Elle lui promit que le lendemain elle s'occuperait de l'habiller plus modestement. La figure n'était pas en harmonie avec le cadre. Rosine avait hâte de se dépouiller de ce luxe de hasard qui, loin de l'embellir, tuait plutôt sa beauté. Le soir, madame Bergeret lui donna une petite chambre où Edmond s'était quelque-fois couché au temps des bals de l'Opéra. Rosine s'y endormit heureuse, avec cette réflexion un peu embarrassante :

— Si, pourtant, j'étais à cette heure rue de la Harpe !

XIV

LE SERPENT AUX CAMELLIAS

Le lendemain Rosine se leva au point du jour, voulant elle-même habiller les enfants. Elle mit à cette œuvre gracieuse toute sa sollicitude. Rosine était si belle et si douce, que les enfants l'aimaient déjà comme s'ils la connaissaient de longue date. La beauté n'est jamais une étrangère.

A l'heure du déjeuner, madame Bergeret appela Rosine.

— Venez, dit-elle, asseyez-vous près de moi.

Voilà mon mari, qui m'a promis de songer à vous.

Rosine leva les yeux ; le mari laissa tomber sa fourchette.

— Ciel ! murmura-t-elle toute pâle et toute bouleversée.

— Qu'avez-vous, Rosine ?

— Rien ! dit-elle en essayant de sourire. Je n'ai rien... j'avais oublié...

Elle sortit de la salle à manger, passa dans sa chambre, mit son chapeau et son mantelet, et, ouvrant une porte qui donnait dans l'antichambre, elle s'enfuit en toute hâte.

M. Bergeret n'était autre que M. Octave, renommé dans la rue de Bréda pour ses camellias et ses bracelets ; M. Octave, le don Juan de la coulisse, qui la veille avait quitté sa femme et ses enfants pour aller dîner à Saint-Germain en

galante compagnie, dans l'espoir d'y trouver
Rosine.

Rosine avait compris qu'elle ne pouvait pas
rester une seconde de plus en face du mari sans
être forcée d'expliquer son trouble à la femme.

— Je suis bien malheureuse! dit-elle en se retrouvant dans la rue. Il ne me reste donc plus
qu'à mourir?

Elle descendait la rue Laffitte sans se demander
où elle allait. Comme elle marchait lentement, à
chaque pas on la coudoyait. Arrivée sur le boulevard, elle s'arrêta à la vue de tout le luxe parisien qui s'étale de ce côté-là avec tant d'imper-
tinence.

— Mourir! dit-elle encore.

Et se demanda vaguement pourquoi elle ne
pouvait prendre un peu de place dans la vie au
milieu de tous ceux qui la coudoyaient. Elle

marcha sans but durant quelques minutes. Dïs-traite comme on l'est à son âge, elle se surprit toute prête à demander son chemin.

— Hélas ! mon chemin ! Où vais-je ?

Elle. suivait des yeux toutes les jeunes filles qui passaient à ses côtés.

— Où vont-elles, celles-là ? Il y a une maison qui s'ouvrira pour elles.

Elle se perdait de plus en plus dans sa tristesse. Après avoir marché durant une demi-heure, elle s'aperçut avec émotion qu'elle avait pris, sans y penser, le chemin de la rue des Lavandières.

— Oui, dit-elle en se ranimant un peu, je re-verrai mon père et ma mère ; j'embrasserai les enfants ; au moins, si je suis condamnée à mourir, j'aurai plus de courage pour le dernier coup.

XV

LA MALÉDICTION

En se retrouvant dans la rue des Lavandières, Rosine se rappela toutes les scènes de son enfance; l'horrible misère vint lui ressaisir le cœur; elle s'étonna d'avoir pu vivre si longtemps côte à côte avec la pauvreté, dévorant un morceau de pain mouillé de larmes.

— Oui, mourir; car je n'aurai jamais la force de vivre là-haut dans une pareille désolation.

Elle monta l'escalier, le cœur tout défaillant.

Où était-il, ce cœur qui, la veille, dans l'escalier d'Edmond La Roche, battait avec tant d'espérance ? La porte était ouverte ; Rosine s'arrêta sur le seuil, toute pâle et toute chancelante. Sa mère était occupée devant la cheminée.

— Ma sœur Rosine ! cria un des enfants.

— Rosine ! dit la mère en se levant avec joie.

Elle courut à sa rencontre et lui tendit les bras.

— Comme te voilà belle ! D'où viens-tu donc ainsi ?

—C'est vrai, dit Rosine en regardant sa robe et son mantelet avec un triste pressentiment, j'avais oublié...

Les enfants accouraient tous, curieux et surpris.

— C'est ma sœur Rosine ! c'est ma sœur Rosine criaient-ils gaiement.

Elle se baissa pour les embrasser. A cet instant, le tailleur de pierres descendit du grenier, où il repassait ses outils. Voyant Rosine ainsi parée, il détourna ses enfants, repoussa d'une main sa femme, saisit de l'autre main Rosine et la jeta rudement dans l'escalier.

— Va, fille perdue, lui dit-il, va-t'en porter ailleurs ta joie et les fanfreluches! tout cela jure avec notre misère. Tu savais pourtant bien que, dans notre famille, on n'a jamais vécu que de son travail. Que dirait mon grand-père, un volontaire de 1792, qui a rapporté une des premières croix d'honneur!

L'indignation de ce père, qui se croyait déshonoré dans sa fille, fut si terrible et si éloquente, que la mère, qui avait compris, n'osa dire un seul mot pour défendre Rosine. Tous les enfants se blottirent en silence dans un coin de la chambre.

7

Quand Rosine se releva, elle entendit fermer bruyamment la porte.

— C'est fini ! dit-elle avec un morne désespoir. J'aurais beau dire, mon père ne me croirait pas.

XVI

Rosine s'enfuit épouvantée.

— O mon Dieu! dit-elle, tout en faisant un signe de croix.

Rosine avait un vif sentiment de la religion chrétienne. Elle aimait les églises, elle aimait la prière qui fortifie et console, elle aimait à voir partir son âme en vagues aspirations vers le ciel. Mais, dans son morne désespoir, ne pouvant plus croire à son père, elle ne voulait plus croire à Dieu qui protége.

— O mon Dieu ! reprit-elle en sanglotant, vous ne me voyez donc pas ?

Elle montait la montagne Sainte-Geneviève pour aller s'agenouiller à Saint-Étienne-du-Mont quand elle fut insultée par quatre étudiants qui, la jugeant à sa toilette extravagante, s'imaginaient rencontrer une fille de joie égarée loin de son quartier général.

— Elle est en bonne fortune, dit un des quatre compagnons en lui jetant au nez la fumée d'un cigare de deux sous.

— En bonne fortune ! dit un autre ; quel est celui d'entre nous qui pourrait payer un pareil luxe ?

Rosine, ne sachant où se cacher, se jeta dans la première porte ouverte : c'était un cabaret. Du cigare elle passa au brûle-gueule. Elle alla droit à une femme qui dînait dans l'ombre.

— Madame...

Elle reconnut la joueuse de harpe.

— Ah ! c'est toi ! Eh bien, tu n'as pas perdu ton temps. Te voilà devenue princesse du boulevard.

Les buveurs s'étaient approchés des deux femmes.

— Voilà du fruit nouveau, dit l'un.

— C'est du fruit défendu, dit la joueuse de harpe. Allez-vous-en boire ailleurs.

— Et quand les buveurs furent retournés vers le comptoir :

— Conte-moi donc tes aventures ? demanda-t-elle à Rosine.

— Mes aventures ! mon père m'a jetée à la porte, indigné de me voir une pareille robe.

— Cette robe-là t'ouvrira toutes les portes. Et pourquoi as-tu une pareille robe ?

— Pourquoi? Parce qu'on m'a habillée pour un voyage à la campagne.

— Je comprends : un voyage en partie double. Oh! quand j'avais vingt ans! Mais voilà mon amoureux !

Rosine vit arriver un homme jeune encore, qui portait sur son front dépouillé la couronne des mauvaises passions, ou plutôt le sceau de la débauche. C'était le petit-fils d'un des plus grands génies qui aient rayonné en France. « Moi, disait-il, je ne suis pas un écrivain célèbre, mais un écrivain public. Je fais parler les Chimènes et les Camilles du carrefour. » Il vivait d'aumônes faites à son nom. Il avait inscrit, sur la première page de sa vie, non pas le mot *droit au travail,* mais le mot *droit des pauvres.* Il habitait presque toujours un tapis franc, sans respect pour son illustre aïeul, écrivant sur toutes les tables, entre

deux vins et entre deux femmes, des suppliques à
l'Empereur, aux ministres , à tout le monde, où
il demandait une obole sans vergogne, en signant
d'un nom qui jusque-là n'avait demandé que
l'admiration.

— Voilà de quoi dîner, dit-il en jetant sur la
table un petit livre où il venait d'inscrire trois
nouveaux noms pour tirer à vue.

Quand sa supplique ne réussissait pas, il allait
en personne piper de quoi vivre chez les enfants
prodigues ou chez les courtisanes célèbres. Il
donnait impérieusement l'ordre d'annoncer son
nom glorieux, il se présentait avec fierté, dévoi-
lait ses titres de noblesse et finissait par demander cent sous. On pensait à son trisaïeul, et on
lui donnait quelquefois vingt francs. Il s'était
adressé d'abord aux gens du monde, à ceux-là qui
donnent en comptant et qui raisonnent en don-

nant ; il avait bientôt reconnu qu'il fallait frapper à la porte de ceux qui jettent l'argent par la fenêtre.

Le descendant du grand homme se fit apporter un *arlequin* qu'il arrosa d'un pot de vin bleu. C'était à peu près le même dîner que celui de la Harpie. Il offrit également à Rosine de partager avec lui et de boire à la même coupe. Rosine n'aurait pas bu un verre d'eau dans cet odieux cabaret, mais elle porta un verre à ses lèvres pour ne pas offenser la compagnie.

Cependant la Harpie avait, selon son expression, arrosé sa sécheresse avec de la rosée du bon Dieu. Elle « jaspinait » à bride abattue, familière, tapageuse, insolente. Après avoir injurié tout le monde, elle s'en prit à Rosine.

L'écrivain public se fit l'avocat de la jeune fille en l'enlaçant dans ses bras ; ce que voyant, la Harpie se jeta sur lui.

— Je vais te tordre et te trépigner, si tu ne finis pas !

La Harpie saisit un couteau sur la table. Son amant lâcha Rosine pour s'armer d'une chaise ; mais Rosine désarma la joueuse de harpe en posant sa belle main sur le couteau.

On se remit à table. Rosine voulait toujours s'en aller ; mais où aller ?

— Vous qui avez fait comme vous dites les délices des opéras, comment avez-vous pu survivre à une pareille métamorphose ? demanda Rosine à la Harpie.

— Je suis tombée du haut en bas par une pente douce ; M. de Lamartine appelle cela la chute d'un ange. Je suis allée, sans y penser, de chute en chute, de l'Opéra aux Folies-Dramatiques, du carrosse au fiacre, de la marchande de modes à la marchande à la toilette, tout en me chafriolant

avec les beaux et le sacré chien : L'eau-de-vie m'a
perdue et m'a sauvée, l'eau-de-vie vous tue et vous
empêche de vous tuer. Tu verras cela, mon ingénue. On va, on va, on va toujours; on monte
sans y croire : c'est comme un conte de fées; on
descend de mal en pis sans regarder derrière soi.
Ah! moi aussi, j'ai eu des strafilades d'apparte-
ments !

— Avec des portes d'excommunication, dit
l'amant de la Harpie; — car il avait de la litté-
rature.

— Ne rions pas; j'ai eu le vent en croupe. Il y
en a plus d'un qui m'a fait des rentes sur le
Grand-Livre, sans compter les rentes voyagères.
Par malheur, il y avait des usuriers-fruitiers.

— C'était le temps des argents de change, dit le
descendant du grand homme pour s'élever à la
hauteur de sa maîtresse.

— Oui, mon cher, cela valait mieux que des liaisons d'écriture, car, avec tout ton génie, tu n'as pas de quoi me verser un feu d'artifice,

Et la Harpie ajouta en tendant son verre :

— Quand je pense qu'il y a huit jours que je n'ai vu trente-six chandelles ! N'est-ce pas, *Ecce Homo ?*

Au dessert, la Harpie prit sa harpe et se mit à chanter, pour son amant, pour Rosine et pour la galerie, cette chanson que lui avait rimée un poëte bohème :

LA CHANSON DE LA HARPIE.

Comme la nocturne araignée
Je vais filant mes tristes jours,
Car ma figure renfrognée
Sert d'épouvantail aux amours.

On m'adorait, on me dédaigne,
Et je n'ai plus ni feu ni lieu ;
Mon cœur est mort, ma lèvre saigne
Au verre ébréché de vin bleu.

Le jour on m'appelle Harpie,
Ma pâleur donne des frissons;
Mais la nuit, Vénus accroupie,
Je pipe encore à mes chansons.

MORALITÉ.

Apporte ta bouteille, ogresse,
Ton vin me rendra mes vingt ans;
Verse, verse, verse l'ivresse,
J'ai peur de voir passer le temps!

Quand la nuit fut venue, Rosine sortit du cabaret et descendit vers la Seine. Elle s'arrêta longtemps sur le pont Notre-Dame, résolue à se jeter à l'eau. Elle s'appuya sur le parapet et regarda les vagues légères soulevées par un grand vent d'ouest. Les rares passants regardaient avec quelque surprise cette jeune fille vêtue en duchesse, à pareille heure, sur ce pont plébéien. Rosine ne s'inquiétait pas d'être en spectacle; elle se voyait déjà au fond du fleuve, se débattant avec la vie et avec la mort.

— Mais demain, dit-elle, je reviendrai sur l'eau, on me déshabillera et on m'exposera à la Morgue. Je ne veux pas mourir ainsi.

Et, dans sa pudeur, elle songea qu'il lui serait doux d'être en pleine mer, de se précipiter et de disparaître à jamais des regards humains.

Elle retourna dans la rue des Lavandières, décidée à revoir sa mère et à rentrer le front haut dans la maison de son père, après avoir raconté ce qui s'était passé.

Elle s'était approchée d'une voisine pour la prier d'aller avertir sa mère, quand la femme du tailleur de pierres sortit de l'allée de sa maison avec une cruche et un seau. Rosine n'osait l'aborder. Elle la suivit à distance. Quand sa mère fut arrêtée devant la fontaine de la place Maubert, Rosine lui parla.

— Ah ! c'est toi !

Et la mère pressa son enfant sur son cœur.

— Ecoutez-moi, dit Rosine en sanglotant. Mon père m'a jugée sans m'entendre : je ne suis pas coupable.

—Qu'est-ce que cela fait? dit la mère; coupable ou non, tu es toujours ma fille, à moi. Mais ne reviens pas à la maison, car ton père a ses idées : il te tuerait.

Rosine raconta rapidement ce qui s'était passé.

— Eh bien, lui dit sa mère, je remonte là-haut; tu vas m'attendre, car je te conduirai chez une dame qui tient un hôtel garni rue Saint-Jacques, et qui, depuis quelques jours, a été notre Providence.

Rosine fut bien accueillie à l'hôtel garni. On l'habilla plus simplement, mais avec quelque recherche. On lui promit de la garder longtemps comme *demoiselle de confiance*.

Elle commençait à respirer dans la vie, quand elle s'aperçut que la maîtresse du lieu s'entendait avec les étudiants de l'hôtel pour faire tomber dans leur trébuchet les jeunes filles du voisinage. Cette femme avait monté les cinq étages du tailleur de pierres sous le symbole de la charité, mais dans le dessein de piper la jeune sœur de Rosine.

Elle chercha, par toutes les séductions, à prendre Rosine au piége.

Quand Rosine eut révélé sa fière et sauvage vertu, il lui fut impossible de demeurer une heure de plus avec cette odieuse femme. Ne pouvant la corrompre, on la mit à la porte.

Triste! triste! triste! On ne sait pas par quels défilés périlleux passe la vertu! A chaque pas une embûche, à chaque carrefour un précipice. Et pas un homme de bonne volonté qui lui tende

sérieusement la main ! Un seuil désert, un pain
amer, un grabat presque funèbre, voilà l'horizon.

Le travail, dites-vous ? Et que voulez-vous que
fassent ces mains blanches que Dieu n'a destinées
qu'aux soins de la maison et des enfants ? Le
travail les tuera sous sa tyrannie quotidienne.
C'est l'homme qui est coupable. Savez-vous ce
que fait l'homme quand Dieu lui envoie pour ré-
veiller en lui l'amour du prochain quelque belle
fille qui meurt de faim ? Il l'emprisonne dans ses
mauvaises passions ; il lui vole son honneur
comme un voleur de grands chemins ; il la dé-
pouille de sa robe de lin et s'en pare comme d'un
drapeau pris sur l'ennemi.

Et vous croyez que cet homme sera puni pour
ce crime de lèze-humanité ? Puni ! au contraire,
la galerie applaudira, comme s'il s'agissait d'un
Romain enlevant une Sabine.

Et le plus souvent c'est la femme qui livre la femme à l'ennemi. C'est la femme qui perd la femme. Ce n'est pas Adam qui a corrompu Ève.

Rosine était une fille d'Ève, mais si elle devait ouvrir la porte du paradis perdu, c'était pour l'Amour et non pour la Curiosité.

XVII

DU GAI DÉJEUNER QUE FAIT ROSINE
AVEC SON AMOUREUX

Il y a en ce monde des hommes prédestinés à l'amour ; ils ont le charme, comme si une bonne fée eût répandu sur leur berceau le parfum voluptueux des cheveux de Vénus sortant de la mer ou de Diane sortant de la forêt. La plupart des hommes sont condamnés à vivre de peu en amour ; ils prennent une femme, et c'est fini ; leurs vanités les emportent ailleurs. L'un va à la guerre ou à la Bourse, l'autre trône dans une boutique, celui-ci va à la philosophie, celui-là se donne beaucoup d'enfants. Il en est qui jettent un regard en passant sur le pays des joies amoureuses et qui se contentent d'avoir vingt ans une fois dans leur vie.

Mais les privilégiés de la terre, les enfants prodigues de leur cœur, ce cœur qu'ils donnent toujours et qu'ils retrouvent toujours, parce que leur vie est dans leur cœur, ceux-là ont vingt ans pendant vingt ans ; aussi les femmes les reconnaissent ; ils n'ont qu'à paraître pour répandre autour d'eux le charme de la baguette d'or. Et ce qui les rend plus forts, c'est qu'ils ont le charme sans le savoir. Mais les femmes le savent bien ; ils n'ont qu'à parler, — spirituels ou bêtes ; — ils n'ont qu'à sourire, pourvu qu'ils aient des yeux et une bouche, — car j'en connais plus d'un qui n'a des yeux que pour compter

de l'argent et une bouche que pour se mettre à
table.

Edmond La Roche était prédestiné à l'amour.

Quand il rencontra Rosine, plus d'une fois déjà
il avait donné son cœur, et les battements de son
cœur, et les larmes de son cœur ; plus d'une fois
déjà il avait perdu son temps, — ne perd pas son
temps qui veut — dans les délices et les déchire-
ments des passions amoureuses. Il avait com-
mencé à dénouer, d'une main distraite d'abord
et bientôt tressaillante, cette chaine de roses qu'on
teint toujours de son sang. Dans le pays latin, les
plus belles filles le saluaient d'un sourire et sem-
blaient lui dire gaiment : « Quand nous aimerons-
nous ? » car elles l'avaient vu à l'œuvre dans les
tourbillons du bal de l'Opéra ; soupant en folle
compagnie ou se promenant seul, tout rêveur,
sous les tilleuls du Luxembourg ; tour à tour

tendre, railleur, jaloux, insensé, éperonnant sa passion et la lançant à bride abattue à travers toutes les conquêtes et tous les périls.

Edmond La Roche ne s'était point d'abord passionné pour Rosine ; il avait entr'ouvert les dents comme à la vue d'un beau fruit d'or et de pourpre qui rit sur l'espalier, mais il avait passé outre en se disant : — C'est du fruit vert. — Peu à peu, cependant, cette charmante image de Rosine, tout à la fois souriante et attristée, s'était gravée dans son cœur. Il la portait en lui sans trop y prendre garde ; mais bientôt l'image, — la gravure à l'eau forte, — le brûla à feu vif. Sa passion pour Rosine lui fut révélée comme par hasard un matin qu'il passait sur le pont au Change ; il se rappela le bouquet de violettes, il chercha Rosine autour de lui. — Où est-elle ? où est-elle ? où est-elle ? — Si elle fût passée là, il l'eût saisie dans ses bras et l'eût emportée avec une folle joie. Mais Rosine n'était plus là ; une mélancolie étrange saisit l'âme du jeune homme ; il lui sembla que sa plus chère vision se fût à jamais envolée.

Le lendemain, il revenait chez lui par la rue Saint-Jacques, tout à la pensée de Rosine, quand il vit, comme par miracle, la jeune fille sortant tout effarée de l'hôtel d'où elle était chassée comme une fille perdue.

Elle se détourna, ne voulant pas qu'il la reconnût.

— C'est vous ? dit-il en lui prenant la main.

— Non, ce n'est plus moi, dit-elle tristement.

Elle détacha sa main et voulut s'enfuir.

— Rosine, Rosine, que vous est-il arrivé ?

— Il m'est arrivé que je suis une fille perdue pour tout le monde, excepté pour moi.

— Excepté pour moi, dit aussi Edmond La Roche.

La jeune fille rougit et lui redonna sa main.

— Rosine, je vous cherchais.

— Vous me cherchiez ? tout le monde me fuit et je me fuis moi-même.

— Puisque je vous ai retrouvée, je ne vous quitterai plus, car je vous aime.

— Vous m'aimez ? Qu'est-ce que cela veut dire ? Rosine avait pâli.

— Cela veut dire que je vous emmène chez moi.

— C'est impossible.

— Pourquoi ?

— Parce que je vous aime.

— Nous parlons si bien tous les deux, que nous ne pouvons pas nous entendre.

Cependant Rosine avait, sans y penser, pris le bras d'Edmond La Roche ; il allait, et elle allait avec lui. Ils arrivèrent bientôt rue de la Harpe.

Edmond La Roche franchit le seuil de l'hôtel avec une certaine inquiétude comme s'il eut pressenti un orage.

Quand l'étudiant eut refermé sa porte, Rosine s'imagina pour un instant qu'elle était chez elle.

— Quel beau désordre, n'est-ce pas ? c'est comme le jour où je suis venue.

Rosine aimait à voir ce désordre.

— S'il avait une maîtresse, pensait-elle, tout serait en ordre.

Rosine ne connaissait pas les maîtresses du quartier latin.

Edmond La Roche sonna.

— Nous allons déjeuner, n'est-ce pas, mademoiselle Rosine?

Comment refuser de déjeuner en tête à tête avec un amoureux quand on a faim des lèvres et du cœur? Rosine répondit qu'elle voulait bien déjeuner. L'étudiant donna l'ordre de prendre au café voisin une douzaine d'huîtres, une terrine de foie gras, un demi-poulet et une bouteille de vin de Champagne frappé. L'hôtelier y joignit un petit panier de fraises et un petit panier de cerises pour égayer les yeux. On servit tout cela sur une table destinée aux festins de la science. Rosine mit la main à l'œuvre.

— Vous éloignez trop les deux assiettes, lui dit Edmond La Roche.

Elle les rapprocha en rougissant.

— C'est bien, dit l'étudiant en la faisant asseoir.

Et il s'assit tout auprès d'elle en l'embrassant.

Rosine détourna la tête.

— Vous voyez bien, monsieur, que nos assiettes sont mal placées.

— Ne vous effarouchez pas, c'est le *Benedicite* de l'amour — avec les *Grâces*.

Et mille et une charmantes folies accompagnées du gai carillon des fourchettes et des verres.

— Allons ! reprit l'étudiant en versant à boire, trinquons bravement ; c'est passé de mode dans le beau monde, mais c'est la dernière chanson des cœurs vaillants.

Et ils trinquèrent comme au bon temps.

— Ah ! que c'est amusant de déjeuner à deux ! dit Rosine.

Et pour la première fois depuis bien longtemps un clair éclat de rire montra ses belles dents.

— Vous êtes plus belle encore quand vous riez, lui dit Edmond La Roche. Rosine, n'attristez plus cette jolie figure. Voyez comme tout nous sourit. Voilà le soleil qui vous couronne d'un vif rayon. Le beau ciel ! On dirait que le bon Dieu donne aux amoureux des indulgences plénières.

Rosine aurait bien voulu déposer sa fourchette pour s'appuyer tout éperdue sur le cœur du jeune homme. Sa joie avait envie de pleurer. La pauvre fille n'avait pas l'habitude du bonheur.

XVIII

LA FOLIE AMOUREUSE

Cependant Edmond La Roche avait refermé sur Rosine la porte de sa chambre, sans tirer les verrous, pour ne pas effaroucher — la vertu de Rosine ; — voilà que tout à coup une demoiselle de l'endroit, mademoiselle Angèle, surnommée la *Folie Amoureuse*, entra bruyamment de l'air du monde le plus dégagé.

— Je t'attendais, dit-elle à Edmond La Roche, en regardant de côté la pauvre fille, qui n'avait pas eu le temps de se croire chez elle.

8.

— Vous m'attendiez? dit l'étudiant; pour moi, je ne vous attendais pas, — Madame. —

— Madame ! — qu'est-ce que ce style-là? Est-ce que nous en serions revenus au commencement?

— Non, à la fin, — Madame. —

— Il n'y a ni commencement ni fin ; je ne suis pas de celles qui s'en vont quand on leur dit : Va-t-en. Mon mobilier est ici.

— Madame, — votre mobilier se compose d'un bonnet de nuit et de deux pantoufles ; je vous payerai un Auvergnat pour les porter ailleurs ; si je n'étais pas un homme de très-haut goût, je vous dirais que vous avez déjà en plus d'un endroit deux pantoufles et un bonnet de nuit.

. — Si tu dis un mot de plus, je te saute à la gorge !

— Madame, — je suis incapable d'en faire autant.

Le dialogue dura ainsi quelques secondes

encore. Rosine s'était réfugiée à la fenêtre, pour avoir l'air de ne pas voir et de ne pas entendre. La pauvre fille voyait et entendait.

Edmond La Roche, jugeant bien que sur ce ton là la conversation pourrait durer longtemps, prit les deux mains de sa maîtresse avec douceur et avec violence tout à la fois. Ne pouvant avoir raison en parlant tout haut, il essaya de la convaincre en lui parlant à l'oreille. La Folie Amoureuse connaissait sa force; elle savait qu'on ne respirait pas impunément la senteur de forêt qu'exalait sa luxuriante chevelure, surtout quand elle s'appuyait avec abandon dans les bras de celui qui lui parlait. En effet, Edmond La Roche, qui avait, en lui saisissant les mains, le dessein bien arrêté de la mettre à la porte, chancela vite dans sa résolution.

Rosine qui le regardait à la dérobée, comprit

alors qu'elle était trahie. Elle alla sur la pointe du pied jusqu'à la porte. Elle était déjà dans l'escalier quand Edmond La Roche s'aperçut qu'elle n'était plus à la fenêtre de sa chambre. Il aurait bien voulu courir après elle ; mais *Vénus tout entière à sa proie attachée* ferma vivement la porte et l'entraîna à la fenêtre.

Quand Rosine se retrouva seule dans la rue :

— Il ne me reste plus rien, pas même un rêve, dit-elle.

Elle traduisit ainsi sans le savoir la pensée inscrite par le Dante sur la porte de l'enfer.

Jusque-là, le souvenir d'Edmond La Roche lui avait permis de lever les yeux au ciel et de se dire : « Qui sait ? » Mais maintenant, dans le naufrage qui allait la submerger, où trouver une arche de salut ? La colombe s'abattait en pleine mer, l'aile saignante et brisée.

XIX

LA COMÉDIE

Rosine entra dans le jardin du Luxembourg sans se demander où elle allait. Un auteur dramatique, sur le point d'être joué à l'Odéon, mais qui n'était pas content de son ingénue, regarda Rosine à deux fois.

— A la bonne heure, dit-il tout à son idée, voilà une ingénue dont les beaux yeux feraient le succès de ma comédie.

Et, comme il était habitué à parler à toutes les femmes comme il parlait aux comédiennes, il dit familièrement à Rosine en se mettant sur son passage :

— Voulez-vous jouer la comédie?

— Jouer la comédie? Pourquoi pas? Je suis résignée à tout, répondit tristement Rosine.

— C'est tout simple, dit l'auteur dramatique, on est comédienne ou on ne l'est pas; mais toutes les femmes le sont; et, pourvu qu'elles n'aient pas été au Conservatoire, elles n'ont qu'à se présenter devant la rampe pour être applaudies.

— Est-ce que j'oserais jamais? dit Rosine avec effroi.

— Avec une figure comme la vôtre on ose tout. Prenez mon bras, le directeur est mon ami, son ingénue est sur le point d'accoucher, il va signer votre engagement avec enthousiasme.

Rosine était si abattue par son désespoir,

qu'elle n'eut point la force de résister. Elle se laissa conduire à l'Odéon sans bien se rendre compte du chemin hasardeux qu'elle prenait là.

Dès que le directeur eut vu ses beaux yeux intelligents dans sa charmante figure tout attristée, il dit à son ami l'auteur dramatique que sa protégée pouvait se considérer comme du théâtre.

— Une comédienne, disait l'auteur dramatique, qu'est-ce autre chose que la beauté, la jeunesse et le diable au corps ?

— Combien même qui ont réussi sans ces trois vertus théologales du théâtre, répondait le directeur, en regardant le tableau pompeux de sa troupe.

Il fut convenu que Rosine aurait de quoi payer ses gants et ses courses en omnibus.

Elle se promit d'aller à pied pour acheter du pain.

Ce jour-là même elle assista à la répétition.

Voilà comment la vertu de Rosine entra au théâtre de l'Odéon. Comment en sortira-t-elle? Sommes-nous enfin arrivés à ce moment fatal où nous écrirons sur le marbre le plus pur :

CIGÎT LA VERTU DE ROSINE.

XX

LA VESTALE ET LA BACCHANTE

Je ne raconterai pas mot à mot comment vécut Rosine pendant qu'elle fut à l'Odéon. On l'avait engagée sur sa figure et pour sa figure. On lui donnait cent francs par mois — pendant l'hiver. On lui laissait le droit de mourir de faim pendant l'été. Cent francs par mois! On lui paya un mois d'avance, elle se trouva riche pendant une heure. Elle s'habilla pour soixante francs, paya une chambre vingt francs, et garda vingt francs pour acheter des gants et dîner çà et là.

Elle était allée se loger tout droit à l'hôtel
d'Edmond La Roche, mais discrète, mais voilée,
mais silencieuse. Elle voulait le voir passer ;
mais elle attendait ses débuts pour lui dire : *Me
voilà.*

Elle avait pris à l'Odéon un nom de comédie.
La Parisienne a autant de baptêmes que de méta-
morphoses. Elle ne voulait pas que son père pût
la reconnaître. D'ailleurs, le nom de *mademoiselle
Rosine* n'était pas sérieux sur l'affiche d'un théâtre
classique.

Cependant elle avait un peu révolutionné tout
le monde à l'Odéon. Sa beauté devenait prover-
biale dans tous les théâtres, même avant qu'elle
eût débuté.

Tous les soirs, le foyer un peu désert de
l'Odéon se peuplait de bourgeois gentilshommes
et de gentilshommes bourgeois, qui voulaient

saluer ce soleil levant. Or, pendant ce triomphe,
Rosine mourait de faim : sur sa figure et sur son
engagement à l'Odéon, on lui avait accordé quelque crédit à son hôtel, mais à la condition qu'elle
n'en abuserait pas. La pauvre fille vivait un peu
de l'air du temps. Quand on a dix-huit ans, c'est
un bien mauvais dîner. De bonne heure familière avec la faim, elle s'habituait à n'ouvrir ses
belles dents que juste ce qu'il fallait pour ne pas
se laisser mourir.

Un soir, après avoir joué, — et bien joué —
son rôle de début, en ingénue qui ne devait rien
savoir, pas même son cœur, — elle fut emportée malgré elle jusqu'à la porte d'Edmond La
Roche.

C'est si doux de dire à un seul : « Tout le monde
m'a trouvée belle, mais mon cœur n'a battu que
pour toi. » Peut-être, après tout, Rosine s'était-

elle trompée d'un étage ? — Peut-être ne savait-elle plus où elle allait?

Sonnera-t-elle ? Elle est blanche comme si elle se fût métamorphosée en statue. Elle lève la main pour saisir le pied de cerf, — car l'étudiant, qui était chasseur, avait mis ce trophée à sa porte pour effrayer les créanciers. — Mais la pâle Rosine ne sonnera pas. Un éclat de rire vient briser son cœur. Edmond La Roche ne l'attend pas : une femme est venue avant elle.

Et il rit avec celle-ci sans s'inquiéter de celle là qui pleure à sa porte.

Rosine a reconnu la voix de la Folie Amou-reuse. Elle redescend en toute hâte ; elle va ca-cher dans son lit sa pudeur un instant insultée par sa passion et sa révolte contre cette vertu toujours défaillante et toujours préservée.

Elle ferme chastement ses bras sur son sein

embrasé et se demande si elle s'en ira ainsi dans le tombeau ; si elle ne respirera pas une fois dans sa vie les parfums voluptueux de la moisson des roses et de la grappe foulée au premier jour des vendanges.

Dans toute femme, même dans celles qui se sont le plus fermement résignées à mettre leur cœur au cloître, la bacchante, à certaines heures, se réveille, épaules nues, et chevelure au vent, comme pour défier le crucifix qui, la veille, endormait en Dieu leurs plus sataniques aspirations.

XXI

LA MAUVAISE FÉE

Tout le monde s'étonnait de la vie obscure et retirée de Rosine.

Elle disait qu'elle vivait en famille, ce qui expliquait un peu pourquoi elle portait toujours la même robe, et ce qui empêchait ses adorateurs de faire le siége de l'hôtel. On lui avait bien çà et là offert, les uns de souper de l'autre côté de l'eau, les autres de lui donner une robe ou un bijou, car on offre toujours aux femmes le superflu, quand elles n'ont pas le nécessaire. Il est vrai que les femmes ne vivent que du superflu. Rosine savait de quel prix il lui faudrait payer soupers, robes et bijoux ; elle s'enveloppait dans sa vertu et mourait de faim héroïquement.

Cependant cette manière de vivre ne pouvait pas durer bien longtemps.

Elle avait débuté dans un petit rôle de paysanne, elle avait étudié les ingénues de Molière ; mais on l'attendait pour la juger dans un rôle écrit pour elle dans une comédie de George Sand. La répétition de cette comédie subissait tous les jours un retard. Le directeur l'avertit un matin qu'enfin la pièce allait passer, et qu'il était temps de songer à ses costumes. Il ne lui fallait pas moins de trois robes. Rosine n'avait pas prévu ce contre-temps. Comment trouver six cents francs ? Le directeur lui offrit de lui payer d'avance un mois d'appointements ; mais où trouver le surplus ? Rosine désespéra de jouer, faute de robes. Elle conta ses peines, le soir, au foyer. On se moqua beaucoup d'elle. Le lendemain, elle était sur le point d'écrire au directeur qu'elle ne se sentait pas le courage d'aller plus loin, quand une dame, qu'elle n'avait jamais vue, entra dans sa petite chambre, et, en manière d'avant-propos, répandit sur sa cheminée une poignée d'or.

Et comme Rosine ne comprenait pas :

— Ma chère enfant, je suis la bonne fée ; voilà ce qui tombe tous les jours de ma baguette ; je vais vous ouvrir le chemin de la terre promise.

Et, comme autrefois le serpent, cette femme déploya toute l'éloquence diabolique de la tentation.

Rosine se révolta d'abord ; mais elle avait tant lutté, mais elle avait tant souffert, mais la misère

est un si mauvais conseiller, que Rosine prit l'or
dans ses mains, et, avec le sourire du démon,
elle dit à cette femme :

— Allez ! je vous suis.

Tout égarée par les ivresses coupables du luxe
où elle allait vivre, elle ferma la porte de sa
chambre sans y laisser un seul regret.

Elle fut conduite dans la rue Grange-Batelière,
chez M. de M***, un des jeunes gens qui venaient
poser pour elle au foyer de l'Odéon ; il ne l'aimait
pas, mais, pour sa vanité, il aurait donné une
année de ses revenus pour que Rosine débutât
avec lui.

— Je vais vous laisser seule ici, lui dit celle
qui l'avait conduite. Vous comprenez ce qui vous
reste à faire.

— Je comprends, dit Rosine en pâlissant.

— M. de M*** est allé déjeuner au café Anglais ;

il sera enchanté tout à l'heure de voir son appartement si bien habité. Embrassez-moi, enfant.

Rosine présenta son front d'un air résigné.

— Adieu : je viendrai demain.

— Adieu, dit Rosine, heureuse de se sentir seule.

Elle se promena dans l'appartement avec un peu de curiosité.

— Je suis chez moi, dit-elle en foulant du pied un beau tapis de Smyrne.

Et elle regardait d'un œil surpris toutes ces merveilles du luxe parisien qui éclatent dans quelques intérieurs privilégiés. Rosine sentit alors instinctivement qu'il y avait deux femmes dans une femme, celle qui vit par les yeux et celle qui vit par le cœur.

— O mon Dieu ! dit-elle, pourquoi n'ai-je pas

seulement des yeux, comme tant d'autres? Que ferai-je de mon cœur?

Et elle se mit à penser à Edmond La Roche. Mais avait-elle jamais cessé de penser à lui? elle le voyait toujours saisissant la Folie Amoureuse et s'appuyant sur elle pour lui parler à l'oreille. La pauvre fille avait le cœur déchiré. Quelquefois elle pâlissait subitement et détournait la tête : c'était le souvenir d'Edmond La Roche qui passait en elle.

— Ah ! dit-elle tristement, si c'était lui qui dût venir ici tout à l'heure !

Elle se demanda s'il était possible qu'elle attendit M. de M***. Mais l'odieuse misère qui l'avait chassée de chez elle se représenta à ses yeux accroupie dans l'âtre, accroupie au seuil de la porte, accroupie au pied du lit. Elle eut peur et se jeta éperdument sur un beau canapé

recouvert de damas des Indes ; puis elle se leva
et alla caresser d'une main égarée les rideaux
et les portières. Elle aurait voulu étreindre
dans un seul embrassement tout le luxe de
M. de M*⋅⋅⋅*. Le souvenir de sa chambre de la rue
des Lavandières, où elle avait eu froid et où elle
avait eu faim, traversa son imagination.

— La misère, jamais ! s'écria-t-elle avec un
accent étrange.

A cet instant, ses yeux s'arrêtèrent sur une
petite jardinière de Tahan, un chef-d'œuvre en
bois de rose, tout encadré d'or et d'argent, tout
étoilé de pierres fines. Or, dans cette jardinière,
il n'y avait que des violettes. Rosine sentit un
coup au cœur. Elle passa la main sur les
violettes ; toute chancelante, elle tomba agenouillée.

— O mon Dieu ! dit-elle émue jusqu'aux lar-

mes, ô mon Dieu! je vous remercie. Ces violettes
sont un avertissement.

Rosine n'attendit pas M. de M*** ; elle s'enfuit
sans savoir encore où elle irait, mais ne compre-
nant pas qu'elle fût venue jusque-là.

XXII

SOUS LE MÊME TOIT

Quant Rosine revint chez elle, fuyant le souvenir de son voyage chez M. de M***, elle s'imagina qu'Edmond La Roche aurait le cœur plus heureux, comme si elle eût senti palpiter autour d'elle, avec de doux frémissements, l'âme de l'étudiant.

Mais l'âme de l'étudiant n'était pas là !

Edmond La Roche avait pris son cœur, il devait prendre sa vie. Elle était venue mystérieusement, on le sait déjà, se loger dans son

hôtel, mais sans le lui dire, se cachant dans les
flammes vives de son amour, craignant de se
laisser voir quand elle sortait ou quand elle rentrait. Pour lui, beau coureur d'aventures, il ne
la sentait pas si près de lui. Elle le regardait
passer dans la rue, à demi masquée par son
rideau. Plus d'une fois, le soir, il l'avait rencontrée dans l'escalier; mais elle montait toujours voile baissé. Quel déchirement de cœur,
quand elle le voyait avec sa maîtresse suspendue à son bras !

Elle s'étonnait de tant l'aimer, elle se demandait pourquoi.

Elle l'aimait parce qu'elle l'aimait; toutes les
philosophies de la terre n'auraient pu formuler
une autre raison.

XXIII

ASPIRATION VERS L'ARBRE DE LA SCIENCE

La veille de la représentation de la comédie
où Rosine devait se révéler, on avait donné son
rôle à une mauvaise comédienne qui avait de
belles robes.

Rosine, déjà souffrante, tomba malade, — le
mal de la vie ou le mal de la mort. — Sa pâleur
devint plus marbrée, ses yeux plus profonds, son
sourire plus attendri.

Elle resta deux jours sans se plaindre à per-

sonne. Le troisième jour, la fille de l'hôtelière la
força de recevoir un médecin. Cet homme lui
trouva une forte fièvre, mais ne put savoir d'où
venait la fièvre.

— Monsieur le docteur, vous aurez beau faire,
dit-elle au médecin, je suis perdue, car je n'ai
plus le courage de la vie.

— Allons, mon enfant, c'est une bataille.
Soyons braves jusqu'au bout.

— Oui, docteur, c'est une bataille et je vais à
l'ennemi.

Et elle souriait de son charmant sourire attristé.

Il lui demanda son secret; mais elle ne se voulut pas confesser. Il écrivit une ordonnance qui
ne pouvait pas lui faire de mal, mais qui ne
devait pas l'empêcher de souffrir.

Son mal, c'était l'amour; sa fièvre, c'était la
jalousie; sa pâleur, c'était la faim.

La faim, je m'explique : Rosine mangeait, mais que mangeait-elle ? Du pain, des gâteaux, des pommes, des oranges. La pauvre fille, elle donnait aux oiseaux, sur sa fenêtre, les miettes de son festin. Les oiseaux pillent les riches, mais il n'y a que les pauvres qui leur donnent la pâtée.

Le soir, la passion vint soulever Rosine dans son lit; la fièvre était plus forte, les rêveries ardentes battaient des ailes sur ses tempes. Elle se leva, s'habilla à moitié, et monta quatre à quatre, tout éperdue, sans regarder derrière elle, vers la chambre d'Edmond La Roche. Elle croyait le trouver seule ; mais, arrivée à la porte, elle entendit un gai quatuor, c'est-à-dire deux voix d'hommes et deux voix de femmes; on soupait bruyamment et amoureusement. Cette gaieté la frappa au cœur comme un coup de couteau.

— Je ne suis pas du festin, dit-elle amèrement.

Ce n'est pas pour moi que l'amour dresse sa table.

Et elle voulut redescendre ; mais la curiosité la cloua à la porte.

Elle écouta. Edmond La Roche et la Folie Amoureuse racontaient la joie qu'ils avaient eus la veille de courir les bois de Meudon pour voir les premières feuilles et cueillir les premiers lilas. C'était par un beau soleil qui versait l'espérance aux cœurs amoureux, l'herbe s'étoilait déjà de primevères, la pervenche souriait de ses yeux bleus sous le buisson, le merle sifflait dans les branches pour braver le rossignol, — en un mot, une de ces matinées qui emparadisent la terre pour une heure.

— L'eau m'en vient encore à la bouche, dit Edmond La Roche.

— Paresseux, dit la Folie Amoureuse, tu ne m'as embrassée que vingt fois.

— Ah! murmura Rosine, si j'avais hier vécu une heure de cette vie-là dans·le bois de Meudon!

Elle était au bout de ses forces; elle cria sans le vouloir et s'évanouit.

Edmond La Roche ouvrit la porte, car le cri de Rosine avait traversé son cœur.

— Ce n'est rien, dit-il; c'est une femme qui se trouve mal.

Et il souleva Rosine et la traîna dans sa chambre.

— Qu'est-ce que c'est que cela? demanda la Folie Amoureuse.

L'autre femme, qui était une bonne créature, s'était déjà agenouillée et avait dégrafé la robe de Rosine.

Prenez donc garde, dit la Folie Amoureuse, les oiseaux vont s'envoler. Pauvre petite! elle est perdue en chemin : il faut écrire au bon Dieu de lui envoyer ses papiers. N'est-ce pas, mon ange?

Edmond La Roche, qui avait reconnu Rosine, saisit la main de sa maîtresse et lui dit qu'il allait la jeter à la porte si elle continuait à parler ainsi.

— Je comprends, dit-elle en prenant son chapeau, c'est un rendez-vous déguisé. Ce n'est pas une femme qui s'évanouit, c'est une vertu qui se trouve mal.

Et, disant ces mots, elle s'envola, croyant que son amant allait courir après elle.

XXIV

DU DANGER DE SE TROUVER MAL

Quand Rosine rouvrit les yeux, elle était dans le lit d'Edmond La Roche.

— Où suis-je ? demanda-t-elle en jetant partout des regards effarés.

— Chez vous, lui répondit l'étudiant.

Elle voulut se jeter à bas du lit, mais elle s'aperçut qu'elle était à moitié nue.

— Me voilà, dit-elle en souriant et en se cachant sous le couvre-pied, me voilà, par pudeur, forcée de rester dans votre lit. Ne dirait-on pas que j'y suis venue tout exprès ?

— On dirait cela, si on ne vous connaissait pas.

— Ah! que je suis heureuse de vous voir ! Je vais mourir ! mais l'heure de la mort sera pour moi l'heure de la vie.

— Mourir ! vous êtes un enfant. Vous avez dix-huit ans et je vous aime.

— Vous m'aimez? Depuis quand?

— Depuis toujours.

Et ils se regardèrent tous les deux avec des yeux humides.

— Vous m'aimez? reprit-elle.

Rosine voulait qu'il lui redît encore ce mot si doux, même pour ceux qui ne sont pas aimés.

Je vous aime, répéta Edmond La Roche.

— Oh! dites-moi encore ce mensonge-là.

Il lui prit les mains et lui baisa les cheveux,

Elle était si heureuse, qu'elle ne songea pas à s'offenser. Il lui semblait que son âme était passée dans celle de l'étudiant, et qu'elle n'avait plus d'autre vie que la sienne.

Mais, après cette ivresse d'un instant, elle se retrouva.

— Ah! mon Dieu! dit-elle en retirant ses mains et en éloignant sa tête du baiser du jeune homme, je croyais que nous nous aimions depuis un siècle !

— Qu'importe, si nous nous aimons pendant un siècle.

— Je ne vous crois pas, mais parlez-moi toujours ainsi. Songez qu'on ne m'a jamais aimée.

— Mais contez-moi donc toute cette histoire romanesque.

— Demain. Ce soir je n'ai que le temps de m'en aller

— Vous passerez la nuit ici.

10

— Non. On m'attend.

Edmond La Roche ressaisit la main de Rosine avec un mouvement de jalousie.

— Si vous vous en allez, j'irai vous veiller chez vous.

— Je demeure trop loin.

— Je ne pourrai plus vivre sans vous.

— Je reviendrai. Je vous en prie, passez dans votre cabinet, et laissez-moi m'habiller.

Disant ces mots, Rosine détachait ses mains et essayait de renouer sa chevelure, dont les ondes rebelles noyaient ses blanches épaules. Elle s'était animée; la couleur de la vie revenait sur ses joues : elle était plus belle que jamais.

— Non, reprit l'étudiant d'un air décidé. Il ne sera pas dit que vous serez venue ici trois fois sans que je vous aie emprisonnée dans mes bras. Je me ferai plutôt mettre au violon.

— Vous me ferez mourir de désespoir. Si vous m'aimez, donnez-moi la liberté de revenir demain, puis après, puis toujours.

— Toujours, toujours, murmura le jeune homme, qui ne savait plus ce qu'il disait.

Il s'était penché au-dessus de Rosine, et ses lèvres couraient comme les flammes vives sur les joues et sur les yeux de la jeune fille.

XXV

LES DEUX FEMMES

La porte s'ouvrit. C'était la Folie Amoureuse qui revenait, en proie aux colères de la jalousie.

Edmond La Roche alla au-devant d'elle comme pour conjurer la tempête, mais elle le jeta de côté et marcha jusqu'au pied du lit.

— Ah ! voilà une touchante rencontre ! Madame connait le proverbe : *Ote-toi de là que je m'y mette.*

— Madame, dit Rosine, pâle et défaillante, ce n'est ni sa faute ni la mienne.

10.

— C'est sans doute la mienne.

— Madame, je suis mourante !

Edmond La Roche s'était jeté devant sa maîtresse.

— Angèle, pas un mot !

Et il lui tenailla la main dans la sienne.

— Tu m'avais dit que mademoiselle Rosine était une vertu romaine. Je n'y croyais pas ; mais aujourd'hui que je la trouve dans mon lit, je n'en doute plus.

— Madame, si vous me connaissiez...

— Vous connaître ? Dieu m'en garde ! Je ne fais que de mauvaises connaissances. Une fille qui vient à minuit prendre mon lit d'assaut ! Mais vous ne savez donc pas que je vais appeler les voisins pour leur donner cette vertueuse comédie?

Rosine ne voulut pas ajouter un mot pour se défendre.

Edmond La Roche avait pris à bras-le-corps la Folie Amoureuse et l'entraînait vers la porte avec fureur. Mais cette fille était robuste et décidée à tout. Elle ripostait à tort et à travers. Dans leur débat, la lampe fut renversée. Rosine, déjà levée à moitié, ressaisit ses forces et s'envola comme un oiseau emprisonné qui retrouve une fenêtre ouverte.

Elle était déjà glacée quand elle se jeta dans son lit.

— Ah ! mon Dieu ! dit-elle en appuyant sa main sur les battements de son cœur, pour cette fois, je sens bien que je me couche dans la tombe !

XXVI

LA DERNIÈRE RAILLERIE DE LA DESTINÉE

Rosine écouta avec angoisses, mais elle n'entendit rien. Dès que la nuit était revenue dans la
chambre de l'étudiant, la lutte avait cessé. Rosine
s'imagina qu'en ouvrant sa porte elle entendrait
la fin de la scène, car la porte d'Edmond La Roche
était sans doute demeurée ouverte. Elle descendit
du lit et courut sur le seuil. La voix du jeune
homme et de sa maîtresse — le lion et la ti-

gresse — lui arrivèrent, mais adoucies comme par enchantement. Elle n'en revenait pas. Elle avança sur l'escalier, — et, sans le vouloir, — elle se trouva devant la porte d'Edmond La Roche.

On avait allumé une bougie, on avait refermé la porte, et — on s'embrassait ! —

— C'est impossible ! dit Rosine.

En amour, il n'y a que l'impossible qui soit possible.

Oui, on s'embrassait. Quand Edmond La Roche — qui était bien le plus insouciant et le plus volage des cœurs du pays latin — avait vu que Rosine était partie, soit qu'il n'espérât plus la retrouver, soit qu'il craignît de perdre à jamais la Folie Amoureuse, soit qu'il s'amusât à ce jeu irritant de passer de la fureur à l'amour, il s'était ressaisi de la main de sa maîtresse, — cette main qu'il avait brisée sous la sienne, — mais cette fois avec le doigté le plus caressant du monde.

Voici ce que Rosine entendit :

— Puisqu'elle est partie, je m'en vais.

— Puisqu'elle est partie, ne t'en va pas.

Et un éclat de rire.

Ce fut le dernier coup de poignard. Rosine ne s'évanouit plus. Elle redescendit, ou plutôt elle se laissa glisser à la rampe ; elle rentra à moitié morte, elle jeta un châle sur ses épaules et se mit à écrire.

Elle croyait qu'elle n'avait plus qu'un jour à vivre, et elle ne voulait pas mourir sans avoir fait son testament.

— Son testament ! direz-vous, c'est une ironie, puisqu'elle mourait de faim.

C'était le testament du cœur.

XXVII

Le jour était venu quand Rosine eut signé d'une larme son dernier adieu.

Elle agrafa son châle et mit son chapeau.

— C'est la dernière fois que je me regarde, dit-elle en se reconnaissant dans la glace de la cheminée. Il me semble déjà voir une morte!

Elle alla rue des Lavandières et pria une voisine d'appeler sa mère ou sa sœur.

Ni sa mère ni sa sœur n'étaient à la maison.

11

— Eh bien ! se dit Rosine, nous nous reverrons là-haut.

Et elle alla prier Dieu à Notre-Dame.

Cette fois elle avait deux sous pour payer le droit de s'agenouiller devant une chaise.

Elle n'osa pas demander à un prêtre de l'écouter.

Elle se confessa à demi-voix, comme si elle eût parlé à Dieu lui-même.

— Seigneur, dit-elle en élevant son cœur à Dieu, pardonnez-moi ma vie et pardonnez-moi ma mort !

En sortant de l'église, elle donna son dernier sou à un pauvre.

Elle rencontra sur le parvis une de ses camarades de théâtre, une grande coquette, qui allait au quai aux Fleurs et qui voulait prier Dieu au passage.

— C'est aujourd'hui ma fête, dit la grande coquette à Rosine. J'ai voulu voir des fleurs, car l'Odéon n'est pas le pays de la galanterie. Mais puisque je passe devant Notre-Dame, je vais prier un peu. C'est égal, si on nous rencontrait toutes les deux en si bonne compagnie, on ne nous prendrait pas pour des comédiennes.

— Je suis si peu comédienne ! dit Rosine.

— Taisez-vous ! les ingénues ne sont que trucs et trappes. On nous promet une comédie qui aura pour titre : *les Roueries d'une ingénue.*

— Eh bien ! je ne jouerai pas dans celle-là.

— Adieu, ma belle ! car je perdrais mon quart d'heure de dévotion. N'ayez pas l'air si triste. Viendrez-vous à la répétition ?

— Non, répondit Rosine en serrant la main de la grande coquette, je sais mon rôle.

XXVIII

LE DERNIER RENDEZ-VOUS

Ce jour-là, on déjeuna gaiement, selon la coutume, chez Edmond La Roche, deux par deux, comme les vers alexandrins, qui se becquètent par la rime.

Au dessert, vers deux heures, on apporta une lettre à l'étudiant.

— Un cachet noir! dit-il.

— C'est égal, dit la voisine, c'est tout de même une lettre d'amour, car c'est une lettre de femme. Voyez, messieurs, voyez plutôt l'écriture.

Un étudiant en médecine, qui avait bu plus que de coutume, et qui commençait à y voir double, saisit la lettre sans façon, et déclara qu'il allait la lire tout haut à l'auguste assemblée.

— Je te défends de briser le cachet ! dit Edmond La Roche.

Mais les femmes qui étaient là prirent le parti du lecteur extraordinaire.

—Il la lira ! dirent-elles en enchaînant Edmond La Roche dans leurs bras.

— Cela nous donnera des leçons de style, dit l'une.

— Dis plutôt des leçons de vertu ! s'écria l'autre ; car on sait qu'Edmond La Roche est un homme à sentiments invraisemblables.

L'étudiant en médecine était monté sur une chaise : il demanda le silence et déploya la lettre avec gravité.

— Tambours de Cupidon, battez aux champs !
dit-il en imitant le roulement du tambour.

Et il lut à haute voix, en indiquant les curiosi-
tés de l'orthographe :

« *C'est un adieu, voila pour quoi j'ai le courage*
« *de vous écrire. Je voullaiz allé jusque chez vous;*
« *mais, ce que je veux vous dire, je ne veux le*
« *dire qu'a vous, et j'aurais fait sandoutte encore*
« *quelle que rancontre qui mût empeché de parlé.*
« *Quant je sonje que nous demeurons presque porte*
« *a porte, et que nous somme si loin lun de l'autre !*
« *Vint marche me séparait du bonneur. Je ne veux*
« *pour tant pas amporté mon secret la haut. Je vous*
« *aime... je vous ai aimé... Si je savait que mon*
« *souvenir vous fut chér, je mourrais consolée. Mon*
« *pauvre cœur demandait à vivre, et il demandait*
« *si peu ! battre un instant sur le votre, et mourir*

« J'ai été bien maleureuse, je vous aimais, et vous

« aimié tout le monde. Cet égale, je remerci Dieu

« de vous avoir rancontré. Si vous ne mavez pas

oublié, car a peine savé vous mon nom, venez me

« voire. Je suis au dessous de vous, oui, dans le

« même hôtel, au n° 13, et vous au n° 17 ! Je vous

« ai rancontré vint fois ; mais vous ne mavé pas

« vue, car vous nétié pas seul. Je vous attandré

« jusquau soir, jusqua demain matin. Demain mʳ

« tin, il serait trot tart, et je partirais sans un der-

« nier adieu.

« Pour tout l'amour que j'ai eu pour vous, ap-

« porté moi des viollettes. Vous savé, ces pauvres

« chéres petites fleurs qui vous ont arrété un jour

« sur le pont au Change.

« ROSINE. »

La lecture de cette lettre fut d'abord coupée de

cris moqueurs et d'éclats de rire. Edmond La Roche se moquait et riait comme les autres, ne sachant pas d'où lui venait cet adieu. Mais, tout à coup, quand il reconnut Rosine, il se détacha violemment des trois femmes qui l'enchaînaient, se jeta avec fureur sur l'étudiant en médecine et ressaisit la lettre d'une main convulsive.

— Rosine ! Rosine! d t-il en portant la main à son cœur.

Et il s'élança dans l'escalier, sans prendre le temps de mettre son chapeau.

La clef du n° 13 n'était pas à la porte.

Il sonna, il sonna encore, il arracha la sonnette : on ne répondit pas.

Il descendit les trois étages.

— Mademoiselle Rosine ? demanda-t-il au portier.

— Vous savez où, lui répondit-on. Au troi-

11.

sième, la première porte à droite. Mais, j'y pense, mademoiselle Rosine m'a dit de vous remettre la clef, si vous la demandiez.

Edmond La Roche prit la clef et remonta d'un trait. Son cœur battait violemment quand il ouvrit la porte.

Un demi-jour pénétrait à peine par les jalousies. Rosine était couchée sur son lit, que protégeait un christ d'ébène. Elle semblait se cacher la figure dans les mains.

— Rosine, vous pleurez! dit Edmond La Roche en allant doucement à elle.

Rosine ne l'entendit pas.

Il tomba agenouillé devant le lit et lui saisit la main.

— O mon Dieu! s'écria-t-il avec effroi.

Il souleva Rosine et la regarda d'un œil égaré.

— Rosine ! Rosine ! c'est impossible ! répondez-moi...

Rosine ne répondit pas.

Presque au même instant l'escalier retentit de cris et de rires.

C'étaient les convives d'Edmond Laroche, qui l'avaient suivi pour assister à son rendez-vous. Il voulut se jeter à leur rencontre et les précipiter dans l'escalier; mais, anéanti par sa douleur, il n'eut pas la force de faire un pas. D'ailleurs, il soulevait toujours Rosine, il ne voulait pas laisser retomber cette blanche et chère tête sur l'oreiller.

A ce spectacle, l'étudiant en médecine pâlit et se trouva dégrisé

— La pauvre femme ! dit-il en s'approchant du lit avec respect.

Les trois femmes se turent, pareillement saisies de respect. Edmond La roche ne disait pas un mot, il ne détachait pas ses yeux de la morte.

— Qu'y a-t-il? demanda l'une des femmes.

— Il y a, dit l'étudiant en médecine après avoir examiné la morte, il y a que cette belle fille s'est empoisonnée.

XXIX

LE TESTAMENT DE ROSINE

On sait que Rosine avait passé la nuit à pleurer et à écrire des lettres. Elle avait d'abord écrit à Edmond La Roche huit grandes pages, pour lui raconter sa vie, dans le style déchirant de ceux qui ont souffert et qui disent la vérité. Après avoir relu cette lettre, sans doute elle avait imposé silence à son cœur ; car Edmond La Roche trouva les huit pages déchirées dans l'âtre.

En voici des fragments :

« *Je vous ai bien aimé moi pauvre fille qui vou-*
« *lait donner sa vie a l'amour, mais a un seul.* »

. . . .

« *Si vous savié quelles angoisses ! toutes les aspi-*
« *racions vers le bien, et le mal tout autour de moi !* »

. . . .

« *Je meurs avec une singulière volupté : il me*
« *samble que je m'anveloppe dans un linceul de*
« *nége, car je m'envole toute blanche : c'est froid,*
« *mais c'est doux.* »

. . . .

« *Il ni a pas de quoi s'énorgueillir, car j'en ai été*
« *quite à trop bon conte. Sans votre sœur, sans votre*
« *maitresse, je nen serais sans doute pas là.* »

« *On ne le croira pas que je meurs sans avoir mal*
« *fait, moi qui a passé par le théâtre, mais vous*
« *n'en doutrez pas, vous.* »

. . . .

« Je me suis toute-a-l'heure endormie la plume a
« la main. Était ce le sommeil? était ce déjà la
« mort? car la mort doit avoir aussi des rêves.

« Voici ce que jai vu : nouz étions seul, vous et
« moi. Vous, c'était moi; moi, cétait vous. On nous
« avait ouvert la porte du paradis. Ah! que cétait
« beau! Moi qui nai jamais vu que les payzages de
« la barière Saint-Jaques et de l'Odéon, j'étais toutte
« éblouie de tant de lumière et tant de roses. Et les
« belles fontaines de marbre! et les baux arbres cou-
« verts de fleurs, de fruis et d'oisaux bleus et rouges.
« Toutacoup vou m'avèz ambrassé, on ma ouver une
« autre porte, et je me suis réveillé dans l'enfer. »

.   .   .   .

« Cet égale, je défiie une pauvre fille, si elle est
« belle, de faire un pas dans Paris sans trébucher.
« A force de vertu, elle mourra de fain! ».

.   .   .   .

« *Pour moi, je ne me pose pas en victime. Si je*
« *meure, cet que je pense comme le poëte :* « *Il est plus*
« *doux de se jetter dans les bras de la mort quand*
« *elle ouvre la porte du ciel, que dans les bras de l'a-*
« *mour quand il ouvre la porte des ténèbres.* »

« *En me donnant l'amour vous m'avez donné la*
« *vertu : vous m'avez préservé contre moi-même.*
« *Ah ! si vous m'aviez aimé en donnant l'amour !* »

. . . .

« *Ne me pleurez pas. Embrassé votre sœur, et un*
« *jour, en content vos bonnes fortunes, dite que la*
« *femme qui vouz a le plus aimée est morte par vous.* »

. . . .

Les lettres de Rosine à son père, à sa mère et à
sa jeune sœur étaient sur la table : des chefs-
d'œuvre de style sans orthographe.

Le matin, après son retour de Notre-Dame,
Rosine était descendue chez le portier pour le

prier de porter vers midi la lettre adressée à Ed-
·mond La Roche ; après quoi, sous prétexte d'un
violent mal de dents, — elle qui n'avait que des
perles dans la bouche, — elle avait obtenu du
chloroforme à trois pharmacies voisines ; elle
était remontée et redescendue coup sur coup
pour donner la clef au portier et lui recomman-
der de la remettre à M. Edmond La Roche, qui
sans doute la demanderait dans la journée.

Voilà tout ce qu'on savait.

— Est-il possible que tant de beauté et tant
d'amour soient pour la tombe! disait tout bas
Edmond La Roche dans son désespoir.

Rosine n'avait jamais été plus belle et plus
douce : la mort avait répandu sur sa figure cette
expression toute divine qui est comme le dernier
adieu de l'âme.

XXX

Edmond La Roche veilla Rosine le jour et la nuit, en compagnie de l'étudiant en médecine.

La Folie Amoureuse voulut entrer dans cette chambre funèbre qui avait caché tant de douleur et tant de vertu, — j'ai voulu dire tant d'amour, — mais Edmond Laroche chassa cette fille avec une sainte colère.

Le lendemain matin, la fille de l'hôtelière ensevelit la morte.

Quand Rosine fut pour l'éternité couchée dans le cercueil, Edmond La Roche lui découvrit la tête, dénoua sa belle chevelure et la répandit chastement sur le linceul.

Avant que le cercueil fût cloué, il descendit dans la rue et alla jusqu'à la porte du Luxembourg acheter un bouquet de violettes d'un sou, pareil à celui qu'il avait pris autrefois au sein de Rosine.

Il retourna à l'hôtel et mit pieusement les violettes à la main de la morte.

FIN.

TABLE

www.ingramcontent.com/pod-product-compliance
Lightning Source LLC
Chambersburg PA
CBHW071946110426
42744CB00030B/511